中公新書 2795

バスティアン・ハイン著
若林美佐知訳

ナチ親衛隊（SS）

「政治的エリート」たちの歴史と犯罪

中央公論新社刊

まえがき――ナチ親衛隊とは

芝　健介

ナチ親衛隊（SS《エスエス》／Schutzstaffel）について、日本人はどのようなイメージを持っているだろうか。

高度経済成長期に、ナチ・ドイツと戦う米軍部隊を描いた米テレビドラマ『コンバット』がヒットしたが、ここで描かれた親衛隊は捕虜を残虐に扱う悪逆非道の集団だった。映画『シンドラーのリスト』（一九九四年日本公開／アカデミー作品賞受賞）に登場するアーモン・ゲート、近年では映画『ナチス第三の男』（二〇一九年日本公開）のラインハルト・ハイドリヒは実在した人物であり、記憶に特別残る犯罪的な親衛隊将校として思い浮かべる人もいるのではないだろうか。

第二次世界大戦後、ナチ・ドイツの戦争犯罪を裁いたニュルンベルク国際軍事裁判は、戦争指導者たちだけでなく、ナチ親衛隊そのものを「犯罪的組織」として断罪した。法廷で明らかにされた親衛隊の行為は世界中に知られ、ドラマや映画で描かれるようになったと言っていい。では、親衛隊は具体的に何を行ったのか――。

多くの版を重ねる『アンネの日記』は、第二次世界大戦中にユダヤ人少女アンネ・フランクがナチの迫害を逃れ、アムステルダムに潜伏しながらの生活を綴った作品である。その後彼女は密告に遭いゲスターポ（秘密国家警察）によって摘発検挙され、アウシュヴィッツ絶滅収容所に送られ、さらに移送されたベルゲン＝ベルゼン強制収容所で病死する。ユダヤ人狩りに辣腕を振るったゲスターポは、親衛隊組織の一部である。さらに、ユダヤ人を大量射殺し、多種多様の収容所を管理運営してガス殺を行っていた組織も親衛隊だった。

親衛隊は、ナチの世界観、人種イデオロギーを最も厳格に体現したと言われる。だが、一九二三年にドイツ・バイエルン地方の中心都市ミュンヘンでその前身組織が発足した当初は、ナチ党指導者アドルフ・ヒトラーを警護する小さなボディーガード組織に過ぎなかった。一九二九年にハインリヒ・ヒムラーが組織の全国指導者になると、ナチ党内に睨みをきかす党警察の機能も担うようになる。

一九三三年にヒトラーが政権を掌握すると、親衛隊はドイツ全国の警察組織を押さえ、各地に強制収容所を設置・管理運営するなどテロ支配を行う。翌一九三四年にヒトラーからの極秘命令で、暴力的なナチ党防衛組織である突撃隊（SA《エスアー》／Sturmabteilung）幹部を容赦なく粛清し、ナチ党内の最有力組織となる。

その後、武装化を国防軍に承認させ、軍隊組織としての武装親衛隊が発足。第二次世界大戦が始まると、ナチ・ドイツの膨張とともに親衛隊は拡大を続け、一九四五年の第二次世界大戦末期には、武装親衛隊八〇万人をはじめ、総計一〇〇万人の巨大組織にまで膨張する。

ナチの世界観、人種イデオロギーに基づいた行動を実践しようとした親衛隊は、ドイツ民族の「生存圏《レーベンスラウム》」を求めて国外侵略を辞さなかった独裁者ヒトラーのために、何を目指し、実際にどのような役割を果たしたのだろうか。

ヒトラーの政権掌握後、親衛隊は国内の反対派や反社会分子を「国家の敵」として抑圧、強制収容所における囚人たちの労働力を再軍備に利用し、侵略戦争の準備に強く加担した。さらに、一九三九年九月に第二次世界大戦が始まると、以下四点が新しい任務・主要課題となる。

①民族移住・植民政策
②他民族の監視・奴隷化
③「ユダヤ人問題の最終解決」の実行
④武装親衛隊拡充による「ゲルマン民族」動員

①は、ポーランド侵略開始直後の一九三九年一〇月、ヒムラーが閣僚に匹敵する「ドイツ民族強化国家委員」に任ぜられたことから始まる。ヒムラーは占領併合地域から異民族排除とそれら地域への国内外ドイツ人の植民や移動を図った。

②は、親衛隊・警察高権（担当領域に主権を持つ）指導者を併合・占領地域に派遣して行った他民族の監視・奴隷化である。それはナチにとって望ましくない他民族の特定の階層や抵抗運動の一掃を視野に入れていた。

③は、一九四一年六月の独ソ戦開始後に大きく動き出す。ポーランド・ソ連領在住ユダヤ人について、「ユダヤ人問題の最終解決」を殲滅と決定し実行していく。ラインハルト・ハイドリヒ配下の行動部隊《アインザッツグルッペン》は、ユダヤ人の大量射殺を行い、アウシュヴィッツをはじめとする六つの絶滅収容所を起動させてガス殺を実行する。

④は、武装親衛隊増強のために、東ヨーロッパ在住ドイツ民族、北西ヨーロッパ在住「ゲルマン民族」の動員計画と結びつけて実施された。それはナチの人種イデオロギーの追求でもあった。

ユダヤ人大量殺戮というホロコーストなど、代表的なナチによる暴力・戦争犯罪と親衛隊は、マフィアと犯罪が不即不離であるように、切っても切れない関係にあった。

本書は、ヒトラーに仕えた親衛隊を代表する三人――ヒムラー、ハイドリヒ、アドルフ・アイヒマンをはじめ、親衛隊に関わったさまざまな人物から、巨大ピラミッド化した組織における中下層を構成した普通の親衛隊員一人ひとりの日常活動まで注目し、親衛隊が何を行ってきたのかを跡づける通史である。

親衛隊員はどのように選抜され、組織的訓練を受け、やがて「人種戦争」とホロコーストにどのように関与していったのか。独特な宗教観、疑似科学、人種論はどういったものだったのか。

また、敗戦後に連合軍の捕虜になりながら「非ナチ化」審判を潜り抜け、素知らぬ顔で戦後ドイツ社会に復帰できた隊員たちはどうなったのか。さらに、ハンナ・アーレントをはじめとする知識人たちの親衛隊に対する認識の変化についても辿っていく。

目次

ナチ親衛隊（SS）

——「政治的エリート」たちの犯罪と歴史

凡例

・本書は、Hein, Bastian, *Die SS. Geschishte und Verbrechen*, München: Verlag C. H. Beck, 2015. の全訳である。翻訳にあたっては、C・H・ベック社から提供されたPDF版を底本にした。

・原文の《 》およびイタリックは原則的に「 」とした。ただし原文に《 》のない箇所にも訳文では「 」を用いた場合がある。

・原文の（ ）は訳文でも（ ）とした。

・〔 〕は訳者による補足である。ただし、一般向けの新書という性格に鑑み、〔 〕を付していなくても、訳者の判断で説明的な語句を補足している場合が多々あることをお断りしておきたい。

・同様に、読みやすさのため、原著よりも改行を増やし、小見出しも付した。なお、原著には小見出しはない。

・原著に註記はない。註記は基本的に訳者による。

・本書中の写真は、C・H・ベック社の了解を得て、中央公論新社で選定し、解題者・訳者に確認のうえ掲載したものである。

第 1 章

闘争組織の目立たぬ発足

1923～29年

1　ヒトラー衝撃隊から親衛隊へ

第一次世界大戦敗北後のドイツ

ナチ親衛隊（SS／Schutzstaffel）という組織は、ヨーロッパ・ユダヤ人の殺害というおそらく人類史上最大の犯罪と分かちがたく結びついている。

現在、ドイツを走る車は、この組み合わせ頭文字であるSSをナンバープレートに記してはならない〔ドイツでは自分で選んだアルファベットと数字の組み合わせでナンバープレートを申請できる〕。いわゆる古代ゲルマンの「ルーン文字」*1のSが二つ並んだシンボルは憲法違反と見なされ、ドイツ刑法第八六条、第八六a条で禁止されている。また、ハインツ・ヘーネ*2がハインリヒ・ヒムラーの「髑髏《どくろ》の騎士団」と呼んだ親衛隊を、世界中の人々が悪そのものの同義語と捉えている。しかし、ヒトラーの親衛隊は、初期の段階ではむしろ目立たない存在だった。

第一次世界大戦は一九一八年に、ドイツ帝国とオーストリア＝ハンガリー帝国の敗北で終わった。その後ドイツ国内は騒擾の渦中にあった。暴力を伴ったものの全体としては無血で成し遂げられた一一月革命*3を経て成立したのは、極左勢力が望んでいた社会主義のレーテ共和国*4ではなく、自由主義の議会制民主主義国家だった。一九一九年早々、極左革命の企《くわだ》てが続いたが、同年に大統領に就任した社会民主党のフリードリヒ・エーベルトは、政治的にはおおむね右翼の義勇軍*5に助けを求め、義勇軍はこれらの叛乱を過激な暴力で鎮圧した。

　第一次世界大戦後のドイツ社会は、ヴェルサイユ条約の軍縮条項、つまり徴兵制廃止、参謀本部解体、陸海軍縮小などを補塡《ほてん》しようと、いっそう強力に軍事化していく。

　一方では、国防軍指導部が民間団体に多くの武器を引き渡した。連合国の軍備委員会による没収を免れ、非公式の予備軍を編制するのが目的である。

　他方では、少なからぬドイツ人、とりわけ戦争を経験した若者世代は「男になるための学校」や「国民の学校」と見ていた兵役の禁止を悲しんだ。彼らがすぐにさまざまな準軍事組織に取り込まれたのはそのためだ。

　戦勝国の圧力で兵士評議会が解体され、自警団と義勇軍が禁止されたのち、ドイツでは、さまざまな政治的傾向の自衛軍事団体が多数創設された。共産党系の赤色戦線闘士同盟*6、社会民主党系の国旗団*7、旧帝制保守主義を護持する軍人団体の鉄兜団*8、コンズル団[*9]やオーバーラント同盟[*10]のような極右集団などである。

なぜナチ党は突撃隊と親衛隊を創ったか

ナチ党が、突撃隊（ＳＡ）と親衛隊といった闘争組織を創設したのには、いくつか要因がある。

第一に、革命後の暴力が格別に際立っていたのが、ナチ運動誕生の地ミュンヘンであり、バイエルン州だったからだ。

ミュンヘンでは第一次世界大戦後、右翼と革命勢力による闘争が続いた。その後、グスタフ・フォン・カール[*11]のような右翼政治家が指導権を握ったが、彼らは首都ベルリンの中央政府を左翼と見ており、それに対抗してバイエルンを「秩序派の核」にしようと努めた。義勇軍部隊を率いる旧帝制軍出身のフランツ・フォン・エップ[*12]とその幕僚長エルンスト・レームは、右翼政治家の後ろ盾を得て、バイエルンの準軍事的な風土をさらに軍事化するつもりだった。バイエルンはそうしたきな臭い地だった。なお、こうした志向のため、突撃隊の指導者として知られるレームは、バイエルンの「機関銃王」というあだ名を付けられていた。

第二に、アドルフ・ヒトラーが全面的に暴力に依拠すると公言していたからだ。ヒトラーは挫折した画家にしてオーストリアからの移民であり、一九一九年にはドイツ労働者党（ナチ党の前身で一九二〇年「国民社会主義ドイツ労働者党」に改称）の宣伝係として、二一年からは党首として活動していた。ヒトラーは第一次世界大戦中、数度負傷し重傷も負った。その四年間の戦争体験と社会ダーウィニズムを基礎とする世界像により、暴力志向を強めていく。

ヒトラーにとって政治は闘争だった。西欧のリベラリズム、東欧のボリシェヴィズム、ドイツに溢《あふ》れかえり彼を恐怖に陥れた「異人種」、一一月革命を起こした者たちによるいわゆる「背後からの一突き[*13]」、ヴェルサイユ条約による「恥辱に塗《まみ》れた平和」、そして結局のところユダヤ人に対する生死を賭けた闘争だった。ヒトラーは、こ

アドルフ・ヒトラー（左）とエルンスト・レーム

れらのあらゆる災いの責任はユダヤ人にあると見なしていた。

では、ナチ党が二つの同じような闘争組織、突撃隊と親衛隊を党内に創設したのはなぜか。

一九二〇、二一年に成立した突撃隊は、親衛隊より古く、はるかに大所帯だったが、ヒトラーは突撃隊を心底信頼してはいなかった。

一九二三年の時点で四〇〇〇名を数えた隊員の多くは、突撃隊だけでなく、同時にほかの右翼国防団体にも所属していた。また、初期突撃隊の指導者は、レームもヘルマン・ゲーリングも強情かつ野心家で、軍隊で自分よりはるかに階級が低かったヒトラーに素直に従うつもりはなかった。さらに突撃隊は、ミュンヘンを起点とする「ベルリン進撃」[*14]準備の際、祖国闘争連盟活動共同体[*15]やドイツ闘争同盟[*16]のような統括組織の傘下に入っていた。そのため、部分的にはヒトラーがコントロールできなかったのである。

起源——ヒトラー衝撃隊

ヒトラーは、突撃隊の欠点を補う小規模の戦闘部隊一個を直接指揮下に置こうと、一九二三年三月に警護班を設立し、五月には「ヒトラー衝撃隊」(Stoßtrupp Hitler) という好戦的な響きの名称を与えた。隊員はヒトラーと個人的に親しく、俳優ユリウス・シュレックと煙草・文具商ヨーゼフ・ベルヒトルトが、時計職人エーミール・モーリス、馬の世話人クリスティアン・ヴェーバー、市職員カール・フィーラー、失業中の労働者アロイス・ローゼンヴィンクを率いた。

彼らに共通していたのは、強烈な右翼志向と暴力を遠慮なく振るってきた経歴である。たとえば、シュレックとベルヒトルトはエアハルト旅団[*17]の出身で、ベルヒトルトは第一次世界大戦時、陸軍少尉として指揮官の経験があった。モーリスはオーバーラント同盟の前身である極右集団オーバーラント義勇軍で活動したことがあり、彼の兄弟四人は全員突撃隊に所属していた。

ユリウス・シュレック

ヨーゼフ・ベルヒトルト

正確な隊員数は資料がないためにわからないが、ヒトラー衝撃隊は、一九二三年一一月九日の惨めに失敗したミュンヘン一揆[*18]に参加したのち禁止される。ミュンヘン一揆では隊員三八名が、ヒトラーと同じく起訴され、内乱罪および騒擾罪で有罪の判決を受けた。ただし、指揮官だったベルヒトルトは、隣接するチロル地方へ逃亡、刑を免れている。

発足――最も忠実な組織へ

一九二四年一二月にヒトラーは釈放され、翌二五年二月にナチ党を再建する。表向きは合法路線、つまりは法律を遵守《じゅんしゅ》したうえで権力獲得を目指す方針を示したが、政治的闘争組織という手段を放棄するつもりはなかった。だが、ナチ党の再建と同時に宣言された突撃隊の再編には困難が伴っていた。

第一に、突撃隊はドイツのいくつかの州で繰り返し禁止されていた。

第二に、ヒトラーの不在中、レームが突撃隊の古参闘士を「戦線団」というカムフラージュ組織のもとに糾合《きゅうごう》していた。彼はヒトラーと合法路線に従わず、一九二五年五月一日には、政治に関わる全職務から退いた。

第三に、各地域の突撃隊と党の大物、クルト・フォン・ウルリヒ、カール・ディンクラーゲ、ヴィクトル・ルッツェ、ヨーゼフ・ゲッベルス、グレーゴル・シュトラッサーらは、それぞれ突撃隊の新編制に取りかかっていた。ただし、彼らはその宣誓の対象をミュンヘンとヒトラーに限定するつもりはなかった。

そのためにヒトラーは、「親衛隊」[19]を創ろうとする。それは一九二三年のヒトラー衝撃隊のときのような補助組織だったが、「防衛」組織のように聞こえる名称であり、小規模でもヒトラーに完全に心服する集団だった。ヒトラーはその任務をユリウス・シュレックに託した。

シュレックは、まずかつてのヒトラー衝撃隊員に声をかけた。続いて一九二五年九月二一日の文書で、ナチ党の大管区指導者[20]および地区指導者全員に、一〇人一組の部隊を設立し、ミュンヘンの親衛隊「上級司令部」の指揮下に置くよう要求した。

しかし、たとえばルール地域の突撃隊指導者ヴィクトル・ルッツェは要求に応じず、この試みはほぼ失敗に終わった。また、ミュンヘンでもシュレックの思惑どおりにはならず、親衛隊の設立はミュンヘン市内でも、ノイハウゼンとシュヴァービングの両地区に限らざるを得なかった。

そのためヒトラーは、あらためて一九二六年四月に親衛隊編制プロジェクトをベルヒトルトに委ねた。彼はいわゆるヒンデンブルクの大赦[21]でミュンヘンに戻っていた。ベルヒトルトは「親衛隊全国指導者」の称号を得た最初の人物である。

ベルヒトルトは、ナチ党大会がヴァイマルで開催された一九二六年七月までに、およそ七五部隊、合計一〇〇〇名ほどの隊員の募集に成功する。ヒトラーはこの党大会で、一九二三年一一月九日のミュンヘン一揆時の「血染めの旗」[*22]を親衛隊に授けて、親衛隊をナチ党の「最も忠実な」組織と称えた。

2　突撃隊指揮下、平凡な暴力集団

突撃隊による育成

しかし、こうしたヒトラーの評価にもかかわらず、本格的な「党の軍隊」に成長する可能性は、親衛隊より突撃隊のほうがはるかに大きかった。レームの戦線団、つまり突撃隊は、すでに一九二五年の時点で約三万名の隊員を擁していた。また、突撃隊は大管区のレベルまで、下から上へ段階的に組織化されていたが、親衛隊はそれほど細分化されていなかった。

ヒトラーは、突撃隊を独立志向の強い大管区指導者だけに任すのは危険だと考えていた。そのため一九二六年の晩夏、ミュンヘンに突撃隊の中央司令部を設置し、ここで任命された最高指導者の指揮下に突撃隊を置こうとした。

ヒトラーは、この地位にフランツ・フォン・プフェッファーを就けた。二つの点で最適と考えたからだ。

第一に、一八八八年生まれのプフェッファーには、帝政期の職業軍人、義勇軍司令官として軍事的な功績があった。第二に、彼はすでに西部ドイツで高位のナチ党幹部になっていた。

ヒトラーは、一九二六年にベルリンの大管区指導者に任命したヨーゼフ・ゲッベルスと同じく、昇進という手段によって、党内の批判者だったプフェッファーを味方にする。もっともヒトラーは、ナチ党の闘争組織すべて、つまり親衛隊とヒトラー・ユーゲント*23も指揮下に置きたいというプフェッファーの要求に応ぜざるを得なくなる。

親衛隊の立場は、一九二六年「突撃隊部隊と並ぶ独立組織」、二九年「突撃隊の特別部隊」、三一年「独自の規程を持つ独立部隊」と変わった。だが、一九三四年の夏まで、つねに突撃隊の最高指導者、すなわちプフェッファーと三一年以降はその後継者エルンスト・レームの指揮下に置かれていた。

親衛隊全国指導者ヨーゼフ・ベルヒトルトはこうした冷遇のため、一九二七年三月にその職を辞している。後継者はエアハルト・ハイデンだった。一九〇一年生まれの商人で、以前ヒトラー衝撃隊に所属し、二五年から二六年にかけてはシュレックの右腕だったが、今度の任務は彼には荷が重かった。

たしかに親衛隊は、ナチ党が世界経済恐慌の波及効果で大躍進を遂げた結果、一九三〇年末までに四〇〇〇名ほどの隊員を抱えるようになった。だが、突撃隊にはこの時点で約八万八〇〇〇名が所属していた。一九三一年にレームは自らが突撃隊の事実上のトップである幕僚長に就任した直後、親衛隊の弱体振りを見て、突撃隊からの移籍によって親衛隊の隊員数を突撃隊の一〇%まで増やすよう命じ、この目標は達成される。

一九三三年一月の「権力掌握」、つまりヒトラー政権発足の時点で、約五万二〇〇〇名が親衛隊に、約四二万七〇〇〇名が突撃隊に所属していた。

突撃隊員のほぼ五割増

プフェッファーとレームの指揮下の親衛隊は、機能上は突撃隊とほとんど違いがなかった。両者は共同でナチ党の政治活動に参加し、隊員はチラシの配布、ポスター貼り、募金活動、ナチ出版物の販売、集会の組織、党員募集を課された。同様にどちらの組織にも特徴的だったのは、いわゆる国防スポーツである。

突撃隊員と親衛隊員は教練参加を義務づけられ、武器の扱い方の訓練を受け、大規模な野外演習を行った。この兵隊ごっこは、こうした活動に関心のある若い従軍経験者や戦後世代の募集に役立った。それは武力闘争の準備でもあった。ヒトラーは、口先では合法路線を約束していたのだが。

国防スポーツにより熱心に取り組んだのは突撃隊だった。ナチが「闘争期」というヴァイマル共和国時代、親衛隊員はむしろ街頭や広場での乱闘に全力を傾けていた。彼らは、ドイツ共産党の支持者だけでなく、社会民主党系の国旗団との殴り合いを意図的に挑発し、自ら最も断固とした反ボリシェヴィズム勢力だと示すとともに、内戦の雰囲気をつくり出して、ヴァイマル共和国を揺るがそうとした。

その際、親衛隊員も突撃隊員と同じく、決まって杖《つえ》や松明《たいまつ》、制服の革ベルトに提《さ》げたカービン銃、ナイフ、ピストルのような武器を振り回した。こうした争いで親衛隊員が負傷する割合は、突撃隊員のほぼ五割も高かった。

親衛隊員の激しい暴力は、ヒトラー政権が発足した一九三三年一月三〇日以降も続いた。突撃隊とともに、公共の建物を鉤《かぎ》十字旗で飾るよう強要し、労働組合の事務所と左翼系メディアの編集部の家具を破壊し、政敵とユダヤ人を急ごしらえの拷問部屋と強制収容所に拉致して虐待した。一九三三年に設立された悪名高い「補助警察」に所属した人数では、親衛隊員が突撃隊員の二倍ほど多かった。ドイツ司法が、「国民革命」を目指す暴力犯の訴追に消極的であったにもかかわらず、刑事訴追された人数でも同様である。

暴力的な「鉤十字の連中」

親衛隊の常軌を逸した攻撃性は、突撃隊と同様、「ダイナミックな集団力学の横溢《おういつ》」(スヴェン・ライヒャルト)[*24]による。カリスマ性を備えた家父長的な指導者のもとにある暴力的な環境では、若者集団ないし男性結社に特有の気風がどこでも形成された。突撃隊の行きつけの飲食店や親衛隊の寮では大量のアルコールが消費され、暴力に歯止めがきかないだけでなく、厄介な事件も起きている。

たとえば、一九三四年にはカッセルで酩酊状態の親衛隊員四名が私服警官二名と夜間に刃傷沙汰に及んでいる。また、酔ったあげく公園で寝込んだ隊員二名のために、ヴァイブリンゲンの親衛隊指導者はナチ党地区指導者の非難に耐えなくてはならなかった。ヴァイマル共和国時代やヒトラー政権発足まもない時期の親衛隊は、通常は隠語を使い、あだ名で呼び合い、隠匿《いんとく》している武器を暗号で呼び、敵対する国旗団（ライヒスバナー Reichsbanner）と警察を、「ライヒのバナナ」（Reichsbananen）や「サツ」のような蔑称で呼んでいた。

一九三三、三四年までは親衛隊が突撃隊に比べて上品で垢《あか》抜けた尊敬に値する存在だったなどということはない。第二次世界大戦後、ハンス・エゴン・ホルトフーゼンやテーオドーア・エッシェンブルクらの親衛隊員が、歴史家たちと同様に、それとは逆の主張をしている。実のところ、一九三四年までは親衛隊と突撃隊の区別は難しかった。

突撃隊と親衛隊には組織的な一体感があり、人員、機能、習慣の多くは重なっていた。また、一九三三、三四年になっても、二つのナチ闘争組織には制服着用が義務づけられていなかった。そのため警察もジャーナリズムも両者を区別できなかった。

多くの報道が、「ヒトラーの殺し屋たち」、あるいは「鉤十字の連中」と彼らをまとめて呼んでいた。たとえば、一九三三年三月一〇日にミュンヘンのユダヤ人弁護士ミヒャエル・ジーゲルが虐待されたときのように、突撃隊と親衛隊が取り違えられるのは珍しいことではなかった。

一九三四年七月一三日、『新チューリヒ新聞』(*Neue Zürcher Zeitung*)の記者が記しているように、それまで親衛隊について「まだほとんど知られていなかった」のである。

第2章

ナチのなかでの特別意識

1929～33年

1　新しい全国指導者――ハインリヒ・ヒムラーの登場

「親衛隊の父」ヒムラー

一九二九年初頭、親衛隊（SS）のトップが交代した。のちに公式の親衛隊史のなかで「親衛隊の真の歴史」の開始と呼ばれる出来事である。

親衛隊全国指導者エアハルト・ハイデンが辞任しなくてはならなかったのは、党資金を横領し、許しがたいことに親衛隊の制服をユダヤ人納入業者に発注したためだった。後任はまだ二八歳のハインリヒ・ヒムラーだった。彼はさまざまな点で、親衛隊の真の創設者であり、父と仰がれる人物となる。

この男は何者で、いかにして「黒色軍団」と呼ばれる親衛隊の頂点に立ったのか。作家アルフレート・アンダーシュ[*1]が一九八〇年に刊行した有名な物語『ある殺人者の父』(*Der Vater eines Mörders*)で主張したのとは異なり、ヒムラーは親ファシズム環境の出身ではない。この事実は、ペーター・ロンゲリヒ[*2]が、二〇〇八年に出版した『ハインリヒ・ヒムラー伝』(*Heinrich Himmler Biographie*)で明らかにしている。

ミュンヘンのヒムラーの実家は、保守的で厳格なカトリック信者の知識階級であり、小市民層ではなかった。若いヒムラーは、ギムナジウム（大学進学のための中等学校）の校長だった父、母、二人の兄弟とも良好な関係にあった。

彼が政治的過激主義に魅了されたのは、世代特有のものであり、個人的な経験の結果である。一九一七年にヒムラーは、愛国の熱狂に駆られて、ギムナジウム卒業を待たずに軍に志願する。ただ、このときすでにドイツの敗戦は決まっていたようなものであり、若い士官候補生は、熱望していた前線勤務の機会を得ないまま、一年後にひっそりと除隊する。

ハインリヒ・ヒムラー

ヒムラーはこの恥辱の責任は左翼革命家にあると思い込み、彼らと戦おうと、その後数年間、右翼の義勇軍、学生組合、秘密組織に所属した。身体はむしろ虚弱で、社会的、性的に自信のない、眼鏡をかけた青年は、極右の軍隊と男性結社に特有の環境で好意的に認められていく。

ヒムラーはここで、粗野で混乱した世界像にも触れた。ただし実際は、戦後、ミュンヘン工科大学で農学を学んでいるときに書物から得たものがほとんどだ。入念にまとめられたこの頃の読書リストには、カール・デュ・プレル『心霊術』（*Der Spiritismus*）やフリードリヒ・ツア・ボンゼン『第二の顔』（*Das Zweite Gesicht*）のような秘教的な文献と並んで、アルトゥア・ディンター『血に逆らう罪』（*Die Sünde wider das Blut*）、ヒューストン・ステュアート・チェンバレン『人種と国民』（*Rasse und Nation*）が載っている。

ヒムラーが一生を通して築いた人間関係は、友人や同僚との間のものでなく、ほぼ上下の関係のみであり、最後に自らが従うに足る指導者を見出す。

まず帝国戦旗国防部隊でエルンスト・レームを知り、一九二三年のミュンヘン一揆直前、彼のあとを追ってナチ党に入った。ミュンヘン一揆が失敗し、肥料会社での仕事を辞めたのち、一九二四年にニーダーバイエルンのナチの指導者グレーゴル・シュトラッサーと知り合う。一九二五年、シュトラッサーがナチ党全国編成指導者になり、ヒムラーは彼について党中央に入る。ここでヒトラーを新たな師と見なす。ヒムラーはオーバーバイエルンとシュヴァーベンの大管区指導者代理、全国宣伝指導者代理、そしてまもなく親衛隊全国指導者代理となる。ヒムラーは昇進するごとに、ヒトラーに心酔していった。

ヒムラーの資質

一九二九年一月、エアハルト・ハイデンが辞任し、後任が突然必要になったとき、複数の役職を兼務していたもののヒムラーは準備万端だった。だがこの時点で、ナチ運動の指導層はヒムラーを真剣に評価してはいなかった。一九三〇年、ヒムラーは全国宣伝指導部でヨーゼフ・ゲッベルスの下で働いていたが、ゲッベルスは日記で彼について、「偉大な素質」に欠ける「地味な小男」だと記している。

ヨーゼフ・ゲッベルス

だが、ヒムラーは、親衛隊のトップとしてふさわしい四つの資質を備えていた。

第一に、優れたオルガナイザーで、大枠となる命令と詳細かつ厳密な方針の効果的な組み合わせに習熟していた。

それによって親衛隊下級指揮官は、「つねに命令を受け入れるわけではなく」「命令権を持つ者に服従せよ」

という親衛隊の一九三七年のモットーに従った。英国のナチ研究者イアン・カーショー[*3]は、命令の抜本的な解釈により、上官の意図を先に忖度《そんたく》するこの原則を第三帝国の核心だと記している。

第二に、外見はぱっとしなかったが、人材指導の能力に優れていた。

ヒムラーは、隊員に一種の教育者として臨んだ。配偶者の選択、運転スタイル、労働慣習、飲酒の習慣など、彼らの生活のほぼあらゆる側面に関わり、その代償に服従と忠誠を要求した。個人的な問題を抱えた隊員には「保護観察」の機会を与えながら、彼らを自分に依存させた。たとえば、不名誉にも海軍から放逐された保安部長ラインハルト・ハイドリヒを破滅から救い、強制収容所総監テーオドーア・アイケを閉じ込められていた精神病院から連れ戻した。

第三に、ヒトラーと同程度の強固なイデオロギーと政治本能を兼ね備えていた。「非現実的な妄想と合理的な支配術の二重性」（ヨアヒム・フェスト[*4]）ゆえに、長期的な目標の実現と権力者としての地位の強化にあたって、いつ世界観の現実化を図るべきか、あるいは機会主義的に柔軟な対応をすべきか、驚くほど確実に判断できた。

第四に、ゲッベルスによる評価が示すように、敵対者や競争相手から繰り返し過小評価されていた。しかし、これこそが重要だった。

最終的に第三帝国のナンバー2になり、彼の親衛隊とともに躍進できたのは、逆説的には、外見がぱっとせず、人目を引くとは言えず、つねにヒトラーに対して謙《へりくだ》った態度をとっていたためである。

2　総統への忠誠の下に——ナチ党内の敵対勢力排除

党内抗争

親衛隊の発展が始まったとき、ナチ運動内部には激しい争いが起きていた。レニ・リーフェンシュタールの党大会映画『意志の勝利』(*Triumph des Willens*)が描くのと異なり、ナチ運動はまったく一枚岩ではなかった。

一九二五年のナチ党再建以来、たとえば、ヒトラーを中心とするミュンヘンの党指導部と、中西部フランケン地方のユリウス・シュトライヒャー、西部プファルツ地方のヨーゼフ・ビュルケル、ハンブルクのカール・カウフマン、ブランデンブルクのヴィルヘルム・クーベ、東プロイセンのエーリヒ・コッホら大管区指導者の間で何度も衝突が起きていた。大管区指導者たちは、地域の王として自らの利益を追求し、行動の自由を要求した。

そうした争いは、部分的にはイデオロギーと戦術の相違を伴う中央と地方の対立と重なっていた。たとえば、ヒムラーの恩師グレーゴル・シュトラッサーが率いる「北西ドイツ労働共同体」[*5]は、ヒトラー以上に強く社会革命を目標としていた。グレーゴル、彼の弟オットー・シュトラッサー[*6]、そして初期にはゲッベルスも、ヒトラーとは逆に、ナチ党が「国民社会主義ドイツ労働者党」という名称にふさわしく、反共産主義、反ユダヤ主義、民族至上主義だけでなく、社会主義も掲げるよう望んでいた。彼らは、党は国営化を推進し、ドイツ国家国民党のような古臭く保守的なブルジョワとは一線を画し、まず労働者の支持を得るべきだという考えを持っていた。

突撃隊の反抗

まず労働者の支持を得るべきだという要求は、突撃隊でとりわけ大きな共感を呼んだ。隊員の多くが社会的、経済的困難に陥り、ブルジョワではなくプロレタリアの組織だと自認していたからだ。さらに、軍隊としての特徴を持つナチ党闘争組織は、一九二五年のヒトラーとレームの衝突が示したように、ヒトラーが外向けに標榜した合法路線に懐疑的かつ批判的だった。

突撃隊指導者の多くには、帝政期の軍隊、戦後の義勇軍、あるいは国防軍の中級将校だった経験があり、一揆主義を放棄して、元上等兵アドルフ・ヒトラーの複雑な権力掌握戦略におとなしく従うつもりはなかった。

ヒトラーが、バンベルクの指導者会議[*7]で決まった原則とプフェッファーの突撃隊最高指導者任命によって、絶対的な指導権を確立した四年後の一九三〇年、古い対立が再燃した。世界恐慌と失業者の急激な増加を目の当たりにして、九月の国会選挙は、ナチ党の政治的躍進の機会になると考えられていた。

だが、その数ヵ月前に、オットー・シュトラッサーがヒトラーと仲違いして離党し、『社会主義者はナチ党を去る』と題する宣言書を公表、「革命的国民社会主義者戦闘共同体」を自ら設立していた。さらに、ナチ党指導部のボス化への批判が高まっていた。一九三〇年の春、ミュンヘンのバーロウ宮殿を購入し、それを「褐色館」と呼ばれる豪奢《ごうしゃ》な党本部に改築したことが、その象徴とされた。

突撃隊指導者たちは、国会選挙の候補者リストが作成された際に、無視されたと感じていた。プフェッファーと五名の突撃隊最高指導者代理のうち三名、アウグスト・シュナイトフーバー[*8]、マンフレート・フォン・キリンガー[*9]、ヴァルター・シュテンネス[*10]は、突撃隊は明らかに資金不足だと抗議した。

だが、ヒトラーは彼らの要求を聞き入れなかった。そのためプフェッファーは一九三〇年八月二九日、選挙の二週間前に、自分には「党指導部の倫理的、物的支援」が与えられていないという理由で、突撃隊最高指導者を辞職した。

ヴァルター・シュテンネスの排除

ベルリンの大管区指導者ゲッベルスは、こうした状況下で「小さな宮廷内クーデタ」が起きることを恐れ、突撃隊指導者代理でベルリンと東部ドイツの突撃隊に権限を持つシュテンネスに対抗する盟友を探した。シュテンネスは、国会選挙戦にあたって突撃隊はストライキを行うか、党の行事を破壊すると脅迫していた。

ゲッベルスは、ベルリンの親衛隊指導者クルト・ダリューゲと手を組むことにした。ダリューゲは一八九七年生まれ、ベルリンのナチ社会に深く根を下ろした第一次世界大戦の退役軍人であり工学士である。ベルリンの親衛隊は公的には突撃隊最高指導者代理シュテンネスの配下だったが、ベルリン大管区指導者ゲッベルスの指示でヘーデマン通り一〇の大管区事務所を警護し、シュテンネス・グループの動向を探っていた。それが発覚すると、八月三〇日から三一日にかけての夜、ベルリンの突撃隊と親衛隊の間に激しい乱闘が起きている。対立激化を阻止するため、ヒトラーとヒムラーがミュンヘンから急行した。ヒトラーが自ら出向いて財政上の譲歩をしたことによって、緊張が緩和され、シュテンネスとの和解が成立した。

野放しになった突撃隊の行動主義のおかげで、一九三〇年九月一四日の選挙では、ナチ党の得票率は前回の二・六%から一八・三%に上昇し、ナチは勝利した。

ヴァルター・シュテンネス

クルト・ダリューゲ

実はヒトラーは八月三〇日に、親衛隊を自らの「忠実な護衛兵」と見なし、反抗する突撃隊員相手に投入しようとしていた。ゲッベルスの一九三一年三月六日の日記には、親衛隊はヒトラーの「お気に入り」だと記されている。

ヒトラーは親衛隊に党内の警察業務を委ね、一九三一年の春、シュテンネスへの復讐に利用した。シュテンネスは四月一日、すべての役職から解任された。それに伴い反抗的になった彼の支持者一〇〇〇名ほどが、ゲッベルス、ゲーリング、ダリューゲの指示で、突撃隊と党から排除された。

ヒトラーはこの「浄化行動」ののち、ダリューゲ宛の書簡で、親衛隊に感謝を込めて新しい座右の銘「わが名誉は忠誠なり!」を授けている。

ゲッベルスの日記の一九三一年の記述からは、いまやヒムラーも、運動内部の権力闘争における重要なアクターと見なされるようになったことがわかる。ただしゲッベルスはこうも記している。「ヒムラーは私を憎んでいる。〔中略〕この狡猾な家畜は消え去らなければならない」。

突撃隊と親衛隊の対立

親衛隊はヒトラーの党警察という新たな役割を無条件で果たしていくが、それは一九三二、三三年の二つの出来事から明らかだ。

一九三二年一一月、ヒトラー政権発足直前、ナチ党は危機に直面していた。指導部内の争いが原因で、アウクスブルクの突撃隊が明らかに叛乱を起こすつもりで、行きつけの店「青い壺」で集会を開いていた。このときは一〇〇名ほどの親衛隊員が、いざとなれば突撃隊の謀叛人を「足腰が立たなくなるまでぶちのめそう」と隣室で待機していた。居合わせた突撃隊下級指導者が事態を収めようとしたため衝突には至らず、この件は親衛隊特殊任務部隊司令官の責任とされた。

二ヵ月後フランクフルトで、大管区指導者ユリウス・シュトライヒャーと突撃隊指導者ヴィルヘルム・シュテークマンの争いが激化していた。

シュトライヒャーはひどく勝手気ままで、彼の大管区下の親衛隊は、扱いにくい彼を快く思ってはいなかった。他方、シュテークマンはヒムラーの学友で個人的に親しい間柄だった。一九三三年の春、南ドイツ親衛隊の指導者ゼップ・ディートリヒによる調停の試みと、ヒトラーの退任命令に抵抗した。結局、親衛隊はシュテークマンの「フランケン義勇軍」に対して、断固たる処置をとった。シュテークマン自身も強制収容所に五年間収監されることになる。

すでに一九三〇年一二月初め、ヒムラーは親衛隊と突撃隊の完全な分離を目標に掲げていたが、親衛隊は、一九三一年以降レームが率いていた突撃隊の下部組織のままだった。ヒトラー政権発足後の一九三三、三四年、たしかに親衛隊は極右の「エアハルト旅団」のような組織をすべて統合し、一時的に四〇万名にまで膨れ上がった。だが、突撃隊は四五〇万名とはるかに成長し、第三帝国の重要な政治的地位を占めていた。レームは大臣になったが、ヒムラーはミュンヘンの警察本部長にすぎなかった。

レーム事件

しかし、ヒムラーと親衛隊が最終的に勝利したのは、この不均衡のためだった。一九三四年の春、ヒトラーと組んだ伝統的保守派が、「国民社会主義革命を実現せよ」と要求し続けるレームへの不快感を強めていた。副首相フランツ・フォン・パーペンの周囲では、君主制復活の計画が練られていた。国防軍の将軍たちは、突撃隊を新たな国民軍の中核にしようというレームの構想に不満を持っていた。他方で多くのドイツ人が、いまだに四〇〇万人にのぼる失業者を目の当たりにし、ヒトラー体制に疑いを抱き始めていた。

ヒムラー、ゲーリング、国防軍の将軍たちは、ヒトラーにこうした状況の好転を求め、

排除されたレーム（右）とヒムラー（中），ダリューゲ

部分的に偽造された書類を根拠に、体制にとってレームは危険な存在であり、ヒトラー打倒の陰謀を計画する可能性があると確信させる。また、レームがゲイであり、それをまったく隠そうともせず、突撃隊指導者たちが同様であることも許せなかった。ヒトラーは親衛隊に、突撃隊指導部と、前首相クルト・フォン・シュライヒャーやグレーゴル・シュトラッサーら敵対者の襲撃と排除の実行を委ねた。

一九三四年六月三〇日から七月二日にかけて、すべての親衛隊に出動が命じられた。突撃隊は事務所を占拠され、武器庫と車輛を確保されたため、身動きがとれなくなった。親衛隊特殊任務部隊は、準備した「ブラックリスト」に基づいて、およそ一一〇〇名を逮捕し、その多くを虐待し、一五〇名から二〇〇名を殺害する。

七月三日にヒトラーは、ドイツの「最高裁判権者」は自分であり、この大殺戮について「国家の非常事態」であると宣言した。陰謀は阻止され、多くのドイツ市民は、見せかけではあるが秩序の回復に安堵した。

ヒムラーと一〇の大戦区、二九の戦区、一三〇個連隊、四四九個大隊、一七七七個中隊に編制された約二〇万名の親衛隊は、一九三四年七月二〇日のヒトラーの命令により、長く望んでいたナチ党内の独立組織という地位をようやく獲得する。『新チューリヒ新聞』さえ、それまで見過ごしていた「黒い制服集団」、親衛隊に注意を払うようになり、一九三四年七月一三日の記事では、「ヒムラーと親衛隊」は「ナチズムの真髄」だと紹介する。親衛隊全国指導者は大いに喜んだことだろう。

その直後、ヒンデンブルクが死去し、ヒトラーはすみやかに大統領職を引き継ぎ、国防軍は即刻「総統」に無条件服従を誓った。

3 人種主義による「北方の新貴族」意識

エリート主義と反ユダヤ主義

親衛隊指導部は、形式上、組織上だけでなく、活動方針と内実でも突撃隊と一線を画そうとした。党内外に向けて親衛隊はエリートであると宣伝し、一九三〇年代初頭以後、親衛隊に「エリート集団」「最も有能で最も献身的な犠牲になる覚悟があるプロパガンダ組織」「近衛兵」「新貴族」などの呼称を次々と付けた。

こうした修辞は、親衛隊と突撃隊の差別化や、ヴァイマル社会の多くの男性を親衛隊に引き寄せる宣伝として役立った。フライブルクの歴史家ウルリヒ・ヘルベルト*11によれば、ヴァイマル社会は蔓延する「エリート主義」に汚染されていたからである。

親衛隊がほかのナチ組織より上等だという主張の中心は、ナチ・イデオロギーの中核、すなわち民族至上主義的人種主義と直結していた。ヒトラーは、著書『わが闘争』(*Mein Kampf*) でナチ党、そして親衛隊の世界観の、異論を挟む余地のない核心を明らかにしている。「ドイツの血」「アーリア的」「ゲルマン的」という概念にさまざまな意味を与え、相互に同義語として活用したが、厳密な定義づけをむしろ避けた。ヒトラーが定義したのは、「アーリア人」が「ユダヤ人」の正反対の存在だということだけである。

ヒトラーは、ウィーンとミュンヘンでの経験から、ユダヤ人こそ世界のほぼすべての悪の元凶だと確信していた。ヒトラーが一九〇七年から一〇年にかけて暮らしていた当時のウィーンの市長は、反ユダヤ主義者にしてポピュリストのカール・ルエーガーだった。一九一九年の春、ミュンヘンで彼が憎悪する共産主義のレーテ共和国が樹立されるが、その中心にいたのはエルンスト・トラー、グスタフ・ランダウアー、エーリヒ・ミューザム、オイゲン・レヴィーネらユダヤ家系の出身者だった。

ヒトラーは一九二五、二六年に『わが闘争』を刊行したが、そこではユダヤ人を「あらゆる真の文化」を欠き、「白人種を憎悪し、穢《けが》そうと狙ってきた」「寄生虫」と呼んでいる。また、ヒトラーは、ユダヤ人がたとえばパレスティナに移住したからといって、危険でなくなるわけではない。彼らが「世界をペテンにかける国際組織の拠点」を手に入れるだけのことである。結局、「ユダヤ人問題」は「暴力」で解決するしかないと断言している。

親衛隊員およびほかのあらゆるナチ党員を選抜する際、最も重要で、唯一の「人種上の」基準は、彼らの血管に「ユダヤの血」が流れていてはならないということだった。

ハンス・ギュンターの人種学

一九三一年六月、ヒムラーはシュテンネス叛乱の直後、独立を目指す親衛隊の努力を強化するため、親衛隊は「北方人種」のうち「厳選された人々の精鋭」でもあると宣言した。ヒムラーは、「北方種」という鍵となる概念（キー・コンセプト）によって、自分自身と親衛隊を、元はハンス・F・K・ギュンターが主張した「人種学説」に結びつけた。

一八九一年フライブルク生まれで言語学博士のギュンターは、第一次世界大戦では虚弱体質のため前線に送られず、劣等感を抱いていた。その代償に、男性の英雄主義に関する著作を執筆し、一九二〇年に『騎士、死、悪魔』（*Ritter, Tod und Teufel*）を出版する。この本は少なくとも二人の男性から根強い熱狂的支持を得た。一人はヒムラーである。彼は読書ノートで、「私がずっと感じ、考えていることを表現している本」と称讃している。もう一人はミュンヘンの出版者ユリウス・フリードリヒ・レーマンである。彼は民族至上主義界の重鎮で、この本から強い印象を受け、ギュンターに『ドイツ民族の人種学』（*Rassenkunde des Deutschen Volkes*）の執筆を依頼する。レーマンによれば、同書は図書館が購入すべき重要な著作だった。

ハンス・ギュンター

ギュンターの『ドイツ民族の人種学』は一九二二年に公刊され、二八年には一般向けの廉価版が出版された。
ギュンターはこの本のなかで、ドイツ人は「雑種民族」であり、「人種的」に類別するには確実な学問的基盤が欠けていると認めざるを得なかったが、それでも断定的かつ恣意《しい》的に、「ドイツの血を引く者」の約六〇%は「北方系」であり、それゆえ、世界中で最も価値のある「血」に属すると言って憚《はばか》らなかった。ギュンターによれば、歴史上のあらゆる偉大な文化的業績を支えているのは、長身で金髪碧眼の「北方人種」だからだ。

価値はあまり高くないが、それでも受け入れられる「東方人種」「ディナール人種[*12]」「ファリック人種[*13]」「西方人種」があわせて二五%ほどで、完全に「異人種の血が混じっている」のは、幸いにも二、三%にすぎないとする。ギュンターはユダヤ系をこの最後のカテゴリーに含めている。

ギュンターによれば、ドイツ民族は忍び寄る「脱北方種化」に脅かされている。これを喰い止めるには、ドイツ人にこの危険性と「配偶者に北方人種を選ぶ」意識の重要性を教え込まなくてはならないとした。ただ、ギュンターは、あまり「北方的」でないドイツ人がどうなるのかについては、賢明にも沈黙を守った。

ヴァルター・ダレ

ヒムラーが親衛隊を「人種学の教皇」ギュンターの教えに従わせたのは、彼自身の読書経験だけでなく、リヒャルト・ヴァルター・ダレの影響による。ダレのギュンター支持はより堅い信念に基づいていた。一九三一年の春には、ダレとヒムラーはともに親衛隊指導部に入り、二人は親衛隊の最重要のイデオローグとなる。

一八九五年生まれのドイツ系アルゼンチン人のダレは、第一次世界大戦では志願兵として両親の故国ドイツに奉仕した。その後、畜産を専門に農学を学んだが、望んでいた研究者生活には入れず、さまざまな臨時雇いの仕事に就いて、なんとか切り抜けなければならなかった。一九三〇年のナチ入党はその結果である。

R・ヴァルター・ダレ

一九三〇年にダレは『血と土の新貴族』（*Neuadel aus Blut und Boden*）を刊行するが、自由意志による「再北方種化」というギュンターの考えを、ここで徹底した品種改良計画に尖鋭化させている。ダレが同書で切望した「新貴族」とは、ドイツ民族を指導して「人種的」により良き時代に導く者たちであり、すぐれた「配偶者選択」は、個々人だけでなく、公の「繁殖育成係官」に関わる問題としていた。

親衛隊結婚命令と人種改良

一九三一年一二月三一日、いわゆる親衛隊結婚命令*14が出された。ヒムラーとダレが共同で練り上げ、ダレが「人種をめぐる思想から実行へ」の決定的な第一歩と評価したものである。この命令は、劇的な効果を狙って聖書の十戒の形式で作成され、「我々は嘲《ちょう》笑《しょう》、皮肉、誤解をものともしない。未来は我々のものだ!」という反抗的な叫びで終わっており、親衛隊志願者は「北方人種」の基準に従って選抜されると明記している。

ヒムラーは命令の実行をダレが局長を務める新設の親衛隊人種局に任せた。

結婚命令には、親衛隊員の婚約者に結婚前の「人種検査」を義務づける規定も設けられていた。人種検査によって「明らかに北方系で、遺伝病質のない、価値のあるドイツ氏族共同体」が成立し、ドイツ民族とその「指導者」に、可能な限り価値が高い多くの子どもが贈られるとしていた。

その後、親衛隊では、「良質で健康な結婚がもうけるべき子どもの数」は最低でも四人とされた。二人で「夫婦が相殺され、一人は家族に死者が出たときに、一人は無能や不良を補う者として」必要とされるという理由による。

このように「氏族共同体」[*15]が構想され、親衛隊はナチが人種主義を現実化するための最も過激な組織になった。親衛隊が、ダレの考える「新貴族」育成のために、「民族を飼育する」にあたり「淘汰」の任務という重要な役割も引き受けたのは、首尾一貫しているとしか言いようがない。ナチはヒトラー政権発足後、人種妄想によって、安楽死計画、シンティとロマの殺害、ホロコースト、同性愛者、「遺伝病患者」、「反社会的な連中」の迫害を手段とする「淘汰」に取りかかっている。

親衛隊結婚命令は、「人口政策」をめぐってヴァイマル社会を揺るがした質と量をめぐる二つの論争に実際に役立った。

当時、国家統計局で指導的地位にあり、『若者を欠く民族』(*Volk ohne Jugend*)を書いたフリードリヒ・ブルクデルファーと、のちの親衛隊主任統計官で『出生数減少——ドイツ民族への警告』(*Geburtenrückgang - Mahnruf an das deutsche Volk*)を書いたリヒャルト・コルヘアのような自称「人口学者」が、出生率低下によるドイツ「民族の死」を警告していた。

一九一四年の一〇〇〇人あたりの平均出生数は二六・八人だったが、二〇年二五・九人、三〇年一七・六人、三三年一四・七人と減少していた。この低下は、進展しつつある女性解放と増加しつつあると思われていた同性愛の影響とされ、ヒステリックな議論を巻き起こしていた。

彼らは、出生数減少という量の問題とともに質の問題も論じている。彼らによれば、医学上の進歩と新たな社会保障給付制度のおかげで、ドイツ民族にとって「人種上」ないし「優生学上、好ましくない選別」が支配的になっている。あまりにも多くの病人と弱者が生きのび、子どもをつくる一方で、能力のある者の子どもは多くて二人に制限されているという。親衛隊の出版物で「自由主義の破滅的な思いつき」と非難された現象である。

親衛隊の活動家にも、当時六〇〇〇万人のドイツ国民全体に、量と質の問題で直接影響を及ぼせるわけではないことはわかっていた。ダレの人種・植民局で働いていたルドルフ・ヤーコプセン[*16]は、一九三三年末から三四年初めにかけて次のように記している。「親衛隊のために計画された選別は、品種改良という点で、まさに親衛隊を対象としているが、民族全体にとっては、とりたてて意味はない。〔中略〕現在、親衛隊が成し遂げるべきは品種改良ではなく、そのための準備である。品種改良を実現するための同盟の結成である」。親衛隊にとって厳しくも大きな目標だった。

第3章

「黒色軍団」の人材とイデオロギー

1　最良の「アーリア人」を求めて——選抜と採用

隊員検査票

ハインリヒ・ヒムラーは、結婚命令の劇的な文言に行動を伴わせようとした。一九三二年一月二四日の命令で、エリートの選抜・品種改良計画を実行すると明らかにする。この命令により、それまで街頭における乱闘での負傷者の治療にあたっていた親衛隊の医師たちに、新規の親衛隊志願者を検査する権限が与えられた。

その際に使用された用紙、いわゆる隊員検査票は親衛隊内部での略称を「Mula」（ドイツ語の Mannschafts - Untersuchungs - Liste の短縮形）という。ヒムラーが最初に親衛隊全国医務総監に任命したゲオルク・ユング＝マルシャンが考案した。

ユング＝マルシャンは一八八六年生まれ。フランクフルト・アム・マイン在住の開業医で、すでに軍医、警察医として相応の経験を積み、混乱をきわめた内容ながら人種主義の計画書で有名になっていた。彼はその計画書のなかで、「遠隔でも精神的な接触」によって、「文化的に有能な」人間と「文化的に無能な」人間を見分けられると主張している。

すでに一九二八年以来、親衛隊員は最低でも当時の平均身長一・七〇メートルを要求されていたが、ユング＝マルシャンが考案した隊員検査票「Mula」では、身体の大きさだけが判断基準ではなかった。たとえば「顔の印象」(「率直な、内気な、精神病質の、探るような」)の評価も考慮に入れていた。また、リストには「人種」に関する記述欄もあった。そこではハンス・F・K・ギュンターの学説に従い、顔面と頭蓋骨を計測して、志願者が質的に「北方系」であるか否かを検査するよう定められていた。

入隊条件の厳格化

結婚命令によれば、本来、親衛隊の選抜に権限があるのはヴァルター・ダレの人種局だった。だが、ヒムラーが、ユング＝マルシャンと一九三二年に六〇〇名を数えたその配下の医師たちに検査を任せたのは、一九三三年の段階でもなお人種局が紙の上の存在だったからだ。人種局は、資金不足、選挙戦を任されていたダレの公私混同、彼の弟エーリヒをめぐる不適切な人事などの重荷を負わされていた。

人種局は「人種・植民本部」と改称されて、ミュンヘンからベルリンに移転し、一九三三年一月のヒトラー政権発足後、ようやく機能するようになる。そこでヒムラーは、一九三四年一〇月一日、親衛隊の選抜基準を根本的に改めて入隊条件を厳格化した。

ナチ運動の信頼のためには、保証人二名を立てるだけでなく、政治に関する行状調査報告書添付と警察の無犯罪証明書の提出を必須とした。また、従来の採用・義務履行証明書とともに「遺伝病質調査用紙」に記入し、祖父母の代まで遡って家族に遺伝病患者がいるか否かの報告も義務づけた。その結果、一九三三年七月一四日の「遺伝病質子孫予防法」に照らした場合、自らの親戚の告発と強制断種につながることもあった。

さらに、志願者はいわゆる血統証明一覧を提示して、認証済みの教会戸籍簿抄本と戸籍証書により、一八〇〇年まで遡って直系の先祖にユダヤ人がいないことを証明しなければならなかった。「アーリア人」の出自であることに、これほど長い射程で詳細な証拠を要求されたのは、ほかにはゲッベルスの宣伝機関のジャーナリスト、いわゆる世襲農場[*1]の農民、ナチ党の役職者だけである。

こうして親衛隊は、真剣に全隊員をできる限り「完璧」に「ユダヤの血」と無関係にしようとした唯一のナチ組織となった。一九三五、三六年にヒムラーは、さらに一七五〇年ないし一六五〇年まで遡った記録を求めようと考えた。人種主義と反ユダヤ主義の前衛としての親衛隊の編制は、彼にとってそれほど重要だったのだ。

人種検査の方法

一九三四年の秋以降、親衛隊が新たな選抜方法に導入した核心の二つ目は、いわゆる人種検査である。人種検査は、ダレが一九三二年に人種局設置のために親衛隊に入れたきわめて重要な協力者ホルスト・レッヒェンバッハとブルーノ・クルト・シュルツの二人が仕上げたものだった。

レッヒェンバッハは、第一次世界大戦時には陸軍大尉、戦後、農学博士号を取得し、農業の専門家として国防軍で仕事をしていた。のちの全国農政指導者にして食糧農業相ダレは彼に、「我々は教育と考え方の点で同等だ」と保証している。レッヒェンバッハは、ダレと同様にギュンターの「北方運動」で指導的な役割を演じていた。

シュルツとダレが知り合うきっかけとなったのもこの北方運動だろう。シュルツはオーストリア出身、ミュンヘン大学で大学教員資格を得た人類学者であり、「北方系」を志向する雑誌『民族と人種』(*Volk und Rasse*)の責任者だった。

親衛隊志願者は、レッヒェンバッハが経験した徴兵検査と、ハレ大学の獣医学教授ルドルフ・ディッセルホルストが書いた馬の繁殖マニュアルを手本とした人種担当専門職員の鑑定を受けることになった。

「軍人としての」全体的な態度はAⅠ（「大変よい」）からC（「不可」）まで、体格は9点（「理想的身体」）から1点（「奇形」）まで、「人種の」質はa（「純粋な北方系」）からe（「非ヨーロッパ人種が混入していると思われる」）までの評点が付けられた。こうしてできあがった簡潔な「検査結果」が、候補者が「人種的」に適しているかを判断する根拠になった。

親衛隊の人種専門家によれば、たとえば評点「BⅠ5c」の男性は「十分な」体格を備えているが、「調和のとれた雑種」であり、全体としては、その受け入れには「いささかの疑念」がある。「AⅡ6b」は対照的に、「良好」な体格と「良好」な態度を備えた「かなり北方系」の候補者として歓迎された。

一九三四年の春、新しい検査方法に必要な人種担当官が各親衛隊管区に配属された。ダレ、レッヒェンバッハ、シュルツは、農学界の人材（とりわけルドルフ・ヤーコプセン、ヨアヒム・ツェーザー[*2]、ハインリヒ・トーレ[*3]）と大学の人種主義者（フリッツ・シュヴァルム[*4]、ヘルマン・デートホフ[*5]）を親衛隊の重要な地位に就けた。対照的に人種主義理論に関心があるが、街頭での乱闘経験が豊富な親衛隊員（エーリヒ・シュパールマン、[6]ヴェルナー・ハーン）は、むしろ例外的存在だった。

一九三七年一一月八日、ヒムラーは親衛隊将官を前に行った演説で、段階的な親衛隊選抜手順の基準を厳格化し、志願者の合格率を一〇％程度にするよう要求している。他方で、人種担当官たちは、一九三四年一〇月一日以前に入隊した二〇万以上の古参隊員の検査を要望していた。

一九三四年には、適格と認められる志願者の受け入れ手順が整備されるとともに、より徹底される。親衛隊入隊許可・誓約証の「アドルフ・ヒトラーの理想を全力で支持し、厳格な党紀を守り、親衛隊最高指導部と党指導部の命令を良心的に実行する」という古い文言に代えて、全親衛隊員に「総統」および彼が任命した上官に対して「死ぬまで忠誠を尽くす」よう義務づける宣誓が導入された。一九三六年以降、親衛隊の全新入隊員は一一月九日のミュンヘン一揆記念日に行われる儀式の際にこの宣誓を行わなくてはならなかった。

隊員選抜上の困難――「血統証明書」

だが、親衛隊の野心的な選抜計画の実施には、最初から大きな困難が伴っていた。親衛隊のために無報酬で働いていた医師の多くに、「人種検査」を行う能力も動機も欠けていたからだ。人類学に基づく検査も予定されていたが、ほとんど行われなかった。さらに、本来身長が低過ぎる者、あるいは「北方系」の要素が皆無と判定されていた者が頻繁に適格と評価された。

親衛隊衛生組織は、一九三二年から三五年にかけて運営上の危機に陥っていた。ユング＝マルシャンは、フランクフルトの高位の親衛隊指導者フリッツ・ヴァイツェル[*7]と不和になったのち、一九三二年一〇月に全国医務総監を解任、親衛隊から放逐され、さらに、一九三三年春には短期間だが強制収容所に収監されている。

ハインリヒ・ヘーマン、ハンス・デンカー、ジークフリート・ゲオルギーらが、健康上、職務上あるいは組織上の理由で短期間、彼の後任を務めたが、一九三五年四月にベルリンの内科医エルンスト＝ローベルト・グラーヴィッツが任命されて、ようやく安定した。グラーヴィッツは一九四五年四月二四日に自殺するまで親衛隊衛生組織で指揮を執り、安楽死による殺害と強制収容所での人体実験に関与することになる。

人種検査は導入と同時にすぐに批判の対象となった。客観的と称していたにもかかわらず、実際は恣意的だったからだ。レッヒェンバッハとシュルツが評価基準を定めようとせず、レッヒェンバッハがのちに、「人種」評価の技能は誰にも習得できないと認めたという事実がそれを物語っている。

また、しばしば猛スピードで行われる検査は表層的で、たくさんの苦情が寄せられた。たとえば、一九三五年五月にある不合格者は、「せいぜい三〇秒ほどの検査で重要な問題に疑問の余地のない判定を下せる」とは思えないと疑念を抱いている。ナチズムに精通した人種専門家に親衛隊古参隊員も検査させようというヒムラーの思いつきも、親衛隊の草の根大衆レベルではきわめて大きな不満を醸成させていた。

二〇万名を超える親衛隊員が「血統証明一覧」を提出するのも現実的には不可能だった。当初、新入隊員と管理職に限定し、そのために一〇〇名ほどの専門職を採用したが、担当の親衛隊系図局では、一九三七年の春になっても二万の「系図」が未処理のままだった。そのうえ親衛隊員が、たとえばスイスの牧師に教会戸籍簿の記載について問い合わせると、異常なユダヤ人恐怖症の「ばかばかしさ」を嘲笑される始末だった。当時、スイスの牧師はドイツを「巨大な精神病院」と見ていた。

採用条件の緩和

親衛隊員に該当する年齢層に対して、半年間の労働奉仕と二年間の兵役が導入され、親衛隊が希望する補充はますます困難になると予想された。ヒムラーの選抜計画は、放棄はされなかったが、次第に暗黙のうちに改定、緩和されていく。

非ユダヤ人を証明するために要求した一八〇〇年まで遡る証拠書類の提出には問題があり、一九三六年九月に廃止され、親衛隊入隊の条件は、祖父母の代までの血統書で十分とされた。たしかに各親衛隊員は血統証明一覧の作成を義務づけられたが、それは正式には公表されなかった。実のところ、一九四五年までにどれだけの親衛隊員がそれぞれの系図を完成できたかはわかっていない。

「ドイツの血統の者」と認定された者さえ、多くが人種検査で「北方系」でないと評価され、ヒムラーは「社会的な階級闘争が克服される代わりに人種的な階級闘争が起きる」可能性を恐れた。ヒトラーが実現を命じた「民族共同体イデオロギー」と矛盾する事態である。ヒムラーはすでに一九三四、三五年の段階で、入隊を認めない場合は、表向きは人種上ではなく医学上の理由にするよう命じていた。一九三八年には、「採用審査」や「適性検査」のような中立的な偽称を使うようになっていた。

議論の的となっていた古参隊員の検査は、すでに一九三四年一二月八日、当時の親衛隊主管局長クルト・ヴィティエが個々のケースに限定していた。ヒムラーも歯軋《はぎし》りしながら、やむをえず「いかにも粗野な者が選抜される」可能性があったと認めたが、「闘争期〔ヴァイマル共和国時代〕にそうした隊員を受け入れた過ち」を「時とともに解消する」よう指示した。

親衛隊新入隊員の検査基準も、暗黙のうちに段階を踏んで緩和された。たとえば、ヒムラーは一九三八年一二月、「今後五年間、遺伝病質や人種上の欠陥があっても、親衛隊全部隊に過度の要求をしてはならない」と命じている。

医者と人種担当官は、とりわけ四ジオプトリー〔焦点距離二五センチメートル〕までの視力障害があっても、あるいは身長が一・六五メートルしかなくても、大目に見ることになった。それでも合格率は九〇%に達しなかったが、意外ではなかった。一九三八年の極秘計画書では、三〇%ほどが「親衛隊採用審査の際、不合格」になるだろうと見積もっていたからだ。

ゴットロープ・ベルガー

積極化する隊員募集

結局、親衛隊は十分な数の新人を採用するために、一九三〇年代初頭以来の受動的なエリート主義の募集計画をやめる。ヒムラーは、「最良のドイツ人」なら、「親衛隊が正しく組織されており、本当に良いものだ」とわかれば、要求しなくても入隊してくるだろうとの考えを、一九三五年頃には放棄していた。ヒムラーは採用に際してヒトラー・ユーゲントとの提携に乗り出した。

バルドゥーア・フォン・シーラハ[*8]との協定により、ヒトラー・ユーゲントの「農村奉仕団」および「パトロール部」は親衛隊の「下部組織」になり、これらの組織は、各年度生まれの「人種的」に最良の者一〇％を親衛隊に引き渡すことになった。

さらに、一九三八年の夏にヒムラーは積極的な募集を行うため、特別に親衛隊補充局を設置し、ゴットロープ・ベルガーをその長に据えた。

ベルガーは一八九六年生まれの小学校教員で、一九三一年から三三年までシュヴァーベンの突撃隊のオルガナイザーとして行動力を発揮していた。親衛隊に移ったあと並外れて素晴らしい経歴を築き、一九四五年まで親衛隊主管本部長官、捕虜収容組織総監、国民突撃隊幕僚長を務めることになる。

親衛隊員の実態

親衛隊は募集と選抜の結果、ほかのナチ組織と同様、ドイツ民族のあらゆる階級、階層、集団から隊員が集まったという点では「民族共同体的」となった。親衛隊は長いこと主に「旧エリート」の集団とされていたが、実際にはそうではなかった。

たしかに大学出身の隊員の割合は国民平均の約二倍だったが、大卒者が当時全国民に占めた低い割合を見れば、親衛隊が一種のブルジョワ「紳士クラブ」になったとは言いがたい。むしろ一九三七年末には、大卒者二万二〇〇〇名と並んで、販売員二万三〇〇〇名を筆頭に、指物師三五〇〇名、農民一万一五〇〇名、非熟練労働者一万三〇〇〇名が親衛隊に所属していた。

親衛隊員の平均月収は一八〇ライヒスマルクほどで、熟練労働者と職員のちょうど中間だった。エリート組織だと自称するには、旧支配層の割合は大きくなく、隊員の出身の多様性のほうが特徴的だった。

親衛隊が社会的にエリートというよりむしろ平均的な集団だという証拠は、規律正しいとも「無条件で従順」とも言いがたい多数の隊員の行動に見られる。親衛隊にはヒムラーの悩みの種がつねに一定数おり、多くの親衛隊員が過激な暴力行為で注目を浴びた。彼らは「個別行動」が厳禁されても、ヨハン・ゲルハルト・ベーレンス[*9]やカール・フリードリヒ・ヴィルヘルム・エーヴェルス[*10]のような体制に批判的な聖職者を好き勝手に虐待した。

一九三四年一二月にミュンヘンで、三五年五月にフランクフルト・アム・マインで、ユダヤ人を標的とする「常軌を逸した」ポグロムが実行された際には、親衛隊員も参加し、介入した警察との暴力沙汰に発展している。

ナチが「闘争期」と呼ぶ、ヴァイマル共和国時代のもう一つの遺産は飲酒問題である。「酔っ払うな」という呼びかけが繰り返され、親衛隊専用のミネラルウォーターの購入が継続していたが、一九三七年の親衛隊極秘統計には、悪質な泥酔事件七四件が記録されている。一九三八年の夏には同様の大騒ぎのあとで、南西部シュヴァーベンの町ヴァイブリンゲンの親衛隊中隊長がナチ党地区指導者に、当地の親衛隊は「飲酒以外のことはできない」と言われるはめになった。

任務を嫌った親衛隊員もいた。一九三六年の党大会では、キッチン勤務に回された隊員二〇名が、一時間半かけてジャガイモ一ダースしか皮剝きできず、問題化している。一九三七、三八年には七〇〇名ほどが「やる気のなさ」を指摘され排除されている。同時期に健康上あるいは職務上の理由で、また「死ぬまで忠誠を尽くす」という宣誓に反して親衛隊を辞めた隊員は一万二〇〇〇名。やる気がなかったのか、実際に勤まらなかったのかは、もはやわからない。だが親衛隊からの除籍は、少なくとも第二次世界大戦前は、適当な理由があれば可能で珍しくもなかったのである。

しかし、ヒムラーが最も問題視したのは、周知の親衛隊イデオロギーに完全に反する隊員だった。たとえば、同性愛者の入隊はよくあることだった。最もよく知られていたのは、親衛隊主管局長クルト・ヴィティエをめぐるスキャンダルである。彼は一九三五年五月、同性愛に関連した事件ののち停職処分を受けている。

親衛隊に「ユダヤ家系の者」が存在することさえあった。最も顕著な例はエーミール・モーリスである。彼はヒトラー衝撃隊の創立メンバーであり、ヒトラーの無二の友だったので、曽祖父がユダヤ人だったにもかかわらず、ヒムラーは彼を「名誉アーリア人」として親衛隊に迎え入れていた。

2 親衛隊員への教育――スポーツと啓蒙

複雑な懲戒制度の構築

親衛隊指導部は、特権を与えられた少数の隊員の不適切な振る舞いをコントロールするため、複雑な懲戒制度を徐々につくりあげた。基礎となったのは、一九三三年二月に公布された懲戒処分・抗告令であり、一九三三年六月以降、ミュンヘンの「親衛隊裁判所」が最高部局として担当した。所長は一八七六年生まれ、軍と警察の元将校で、一九三一年「黒色軍団」に加入したパウル・シャルフェである。

一九三五年一一月には仲裁・名誉裁判所令も公布され、親衛隊は隊員の私生活も監督するようになった。ヒムラーは第二次世界大戦開戦直後の一九三九年一〇月、独立した親衛隊・警察裁判権を手に入れ、本務中ないし従軍中の親衛隊員は通常の司法の追及を免れることになった。一九三三年以来望んでいたが、法務省に長く阻まれてきた権限である。

親衛隊指導部がそれまで使ってきた懲戒措置には、戒告、制服着用禁止、拘留、降格、停職処分、最終的には親衛隊からの除名、より厳しい追放が含まれる。除名と追放の二つは、該当者に深刻な結果をもたらした。あらゆるナチ組織から排除され、警察の行状調査報告書に記録され、多くの場合、解雇されることになるからだ。

他方で、命令に逆らえば強制収容所送りになったという元親衛隊員の戦後の主張は、確証に欠ける。たしかに一九三八年以降ザクセンハウゼン強制収容所に「親衛隊教育中隊」が存在したが、そこに「一定期間の保護検束」のために送られてきた親衛隊の犯罪者は、普通の強制収容所四人ではない。保護観察の期間に、親衛隊の制服を着用のうえ監視員として勤務していたからだ。

最終的に、ヒムラーと親衛隊指導者たちは、一定期間の禁酒、条件付きの結婚・性生活、あるいは相互に規律を守らせる連帯責任など、独自の教育的制裁規定を考え出した。

懲戒と報奨

親衛隊の懲戒システムには、全体として三つの特徴がある。

第一に、パウル・シャルフェが一九三九年一月、簡潔に述べているように「何が犯罪か定義」されていないことだ。つまり、具体的な犯罪行為が示されず、「同志的な振る舞い」「政治的な信頼性」といった漠然とした規範の枠組だけが提示されていた。

第二に、個別に判断されたことだ。つまり、どの過失にどの制裁が科されるかはっきりせず隠蔽される、事例ごとに罰則が異なる、あるいは過去の功績や将来性が考慮される余地が大きかった。

第三に、悪党仲間でのみ通用するモラル(ハンス・ブーフハイムの指摘)と指揮官による教育成果があいまって、内輪に寛大な傾向が強かった。

懲戒罰と対をなすのは、勤勉な隊員への象徴的、物質的報奨を与えるときの複雑なシステムである。親衛隊指導部は、昇進の機会をとりわけ重要だと考え、階級が不自然なほど細分化されていた。もともと六つの階層(全国指導部、親衛隊管区、旅団、連隊、大隊、中隊)だけで編制されている親衛隊に、上級大将から兵長まで一七以上の将校と下士官の階級が設けられていた。

昇進は通常、「権力掌握」の一月三〇日、「総統」の誕生日である四月二〇日、ミュンヘン一揆の一一月八、九日のようなナチを象徴する記念日、あるいは党大会の日に発表された。その結果、隊員がそれにふさわしく期待される態度を身につけるようになる。

たとえば一九三七年にシュレージエンで幾度か特進した軍曹は、「すべての隊員は昇進すると喜んだ」ことを覚えている。また、肥大化してバランスを欠いた将校団が形成され、一九三八年末には全親衛隊員の三九％以上が将校あるいは下士官だった。

親衛隊将校たちは、全国指導者から大小さまざまな贈り物をもらっている。ヒムラーは詳細な「プレゼント目録」をつくらせていた。贈り物には夫人への花、ジュース、子どもたちへのチョコレート、あるいは「特別口座R」からの補助金と貸付金が含まれる。「特別口座R」とは、ヒムラーがドレスデン銀行に開設し、選び抜かれた経済界の指導者たちでつくられた「ヒムラー友の会」からの寄付金がプールされていた口座である。

親衛隊員がとくに切望したのは、親衛隊髑髏部隊の指輪と限定品だった親衛隊の剣である。選ばれた者はそれらを身に着けて、外部にもヒムラーのお気に入りだと誇示できたからだ。

普通の親衛隊員には、スポーツ指導者、訓練係、突撃班文書係など、数多くの小さな職務が与えられ、それぞれの資格で親衛隊の権力の一端を担った。彼らのためには巨大な社会福祉機関も存在していた。一九三三年に親衛隊に入隊した法学博士で長年、公共職業安定所長を務めていたヘルマン・ヘルテルがその長である。法令によりここでは、一九三三年六月一日以降、親衛隊員に優先的に仕事が斡旋された。さらに、厳しい状況下では、親衛隊自ら「国境警備補助部隊」や「親衛隊監視部隊」などの仕事をつくり出していた。

親衛隊員は、ナチ国民福祉団や歓喜力行団の行事にも特権的に参加できたので、毎年数千名が無料で楽しんだ。とりわけ「氏族共同体」の困窮メンバーは、最終的に「親衛隊全国指導者の社会福祉金庫」から少額の補助金、あるいは地域の親衛隊指導者からさまざまな親衛隊の資金が出ることをあてにできた。

スポーツによる教育

親衛隊の通常業務は、隊員が休みなく「自発的に仕事に取り組み」、「計画どおり能力を伸ばしていく」のを保証するうえで教育効果があった。一九三三年以降、親衛隊の一般隊員は本来の仕事に加えて、一週間に二晩、それぞれ約二時間、さらに一ヵ月に日曜日二回、それぞれ三時間から六時間、自由意志、無給で親衛隊の業務に就いた。それに対して、武装親衛隊と強制収容所監視部隊は次第に専門家集団として整備され、通常兵舎で寝起きしていたので、時間制限のない職業教育を受けた。

その際、「親衛隊の最も重要な教育手段」の一つとしてスポーツが役立つよう、エーリヒ・フォン・デム・バッハ＝ツェレフスキが準備した。バッハ＝ツェレフスキは一八九九年生まれ、ポンメルンの貧しい地方貴族の出身で、一九三〇年ナチ党に、翌年親衛隊に入り、三四年以降大戦区司令官を務めていた。第二次世界大戦時にはロシアで悪名高い「パルチザン戦争の指揮」を執り、ドイツの戦争犯罪の主犯の一人になった。

親衛隊の訓練は、一九三五年三月の一般兵役義務制再導入までは、国防スポーツ、すなわち教練、行軍、射撃、野外演習が中心であり、隊員はそれによって軍人の基礎を身につけるはずだった。彼らはヴェルサイユ条約の軍備制限条項のため、「男たちの学校」である軍に入れなかったからである。

エーリヒ・フォン・デム・バッハ＝ツェレフスキ

ヒトラーがヴェルサイユ条約を破棄したのち、国防軍のプロたちが嘲笑していたこれらの「兵隊ごっこ」の国防スポーツは廃止され、親衛隊スポーツは競技精神と戦友集団の育成、「北方系」のドイツ人にはふさわしくない肉体の克服、すなわちヒトラーとヒムラーに奉仕する「怪力を備えた肉体」の創造を目標とするようになった。

一九三五年には親衛隊全部隊にスポーツ活動を担当、監督する機関が置かれ、リヒャルト・ヘルマンが指導者となった。彼は、シャルフェと同じく軍隊と警察に勤務したのち、一九三〇年以降シュヴァーベンの突撃隊を組織し、そのかたわらハンドボールとバスケットボールの協会幹部としての経歴を築いていた。ヒムラーがスポーツ狂の保安部長官ハイドリヒの勧めでヘルマンを親衛隊に呼び寄せたのは、彼の全国体操同盟での地位による。

国防スポーツに代わって、一週間に一時間半から二時間ほど、陸上競技、体操、水泳が、時にはフェンシングと球技も行われた。ヒムラーは一九三五年、五〇歳以下の親衛隊員は皆、突撃隊スポーツ勲章を、できれば難度がより高いドイツ・スポーツ勲章を獲得せよという目標を掲げた。親衛隊員に具体的に期待されたのは、五キロメートルを二五分以内で走ること、あるいは二五キロメートルを四時間以内で行進すること、そして砲丸を一六メートル以上投げることだった。

全体の達成度を確認するため、「春季競技会」が開催されて、一九三六年以降は大隊同士が競い合った。「夏季競技会」も親衛隊大戦区選抜チームの全国選手権大会として開かれた。一九三八年末の時点で、親衛隊の「達成率」は、突撃隊スポーツ勲章の場合三四％に達したが、ドイツ・スポーツ勲章は一〇％にすぎなかった。ヒムラーは生来どちらかといえば虚弱体質だったが、一九三六年にどちらの勲章も獲得し、良い手本になった。

一九三五年以降になると、いわゆる親衛隊スポーツ共同体が存在し、組織内部では隊員の模範となり、社会的には親衛隊が「スポーツでも指導的地位を勝ち得る」ことを目指した。スポーツ共同体では、選抜された、また一部は応募してきた競技スポーツ選手が、通常の親衛隊業務を広範に免除されてトレーニングに励み、スポーツ競技で親衛隊を代表した。同様の競技基幹団体が、一九三九年までにドイツの三七の町でつくられている。

親衛隊のエリートになるのに、スポーツであげた成果がどれほど重要な役割を果たしたかは、カーレーサー、ベルント・ローゼマイヤーや、スキーの距離競技とノルディック複合競技の選手ヴィリー・ボーグナーのような「スポーツ英雄」の扱いからわかる。

ローゼマイヤーは一九三三年の秋、親衛隊に入隊し、三〇年代半ばには自動車連盟の「シルバー・アロー」に乗って一連のレースで勝利を収め、スピードの世界記録保持者になった。彼は、飛行士エリー・バインホルンと結婚するが、提出期限のわずか一週間

ベルント・ローゼマイヤー（左），妻エリー・バインホルン，1937 年

前に不備のある書類で人種・植民本部に申し出たにもかかわらず許可される。ヒムラーが直接急いで手続きをし、ちょうど六日後に許可を出している。

ボーグナーは、一九三五年一月「ナチ冬季競技会」で突撃隊を降《くだ》し、親衛隊のスキー距離競技チームを輝かしい勝利に導いた。翌年のガルミッシュ＝パルテンキルヒェン冬季オリンピック開会式で選手宣誓を行っている。親衛隊が、事前に許可を得ないまま結婚したボーグナーに制裁を加えることはなかった。

イデオロギー教育

親衛隊の最も重要な教育手段は、結局、隊員の絶えざる修練だったかもしれない。隊員たちは親衛隊を「ナチズム運動の最も確信的な広告塔」に発展させるよう期待されていた。だがヴァイマル共和国時代以来の古参メンバーの多くが、理論的なイデオローグであるより、むしろ攻撃的な行動派であり、その期待には程遠かった。

一九三三、三四年には、「三月の入党者」[*11]が大量に加入する。一九三五年の全国親衛隊指導者会議で苦情が出たように、彼らはナチズムの基本理念さえ知らなかった。同年のある連隊訓練指揮官の発言によれば、少なからぬ親衛隊員がこの時点で『わが闘争』も『ナチ党の二五ヵ条綱領』も読んだことがなかった。

こうした状況を改善するため、一九三三年から三五年にかけて多大な努力を払って、全親衛隊員対象の訓練プログラムが整えられる。ナチ組織でこうした措置がとられたのは、親衛隊とヒトラー・ユーゲントだけだ。全部隊に訓練指揮官が配属されたが、この指揮官には大学教育を受けた外部者を募集することもあった。

新組織は、カール・モッツが指導する親衛隊訓練局の管轄下に置かれた。モッツは一九二九年入党の古参闘士であり、一九三一年以来ミュンヘンのナチ党本部「褐色館」で働いていた。モッツが一九三七年、解任理由不明のまま放逐されたあとは、ヨアヒム・ツェーザーが親衛隊の訓練全権の地位に就いた。ツェーザーは一九〇一年生まれの農学博士で、三一年ナチ運動に参加し、三四年以来親衛隊人種担当官のトップグループに属していた。

一九三五年七月以降、訓練局は主要な教材として月刊の『親衛隊主導冊子』（*SS-Leithefte*）を発行した。それには、『わが闘争』理解に役立つ解説、系図調査および「人種を自覚した配偶者選び」の重要性の具体例などが、一九三八年以降は、第三帝国の政治についての註釈が付いた時事要約が含まれていた。

当初は「世界観」の誤った解釈を警戒して、『親衛隊主導冊子』をテキストどおりに朗読せよという指示が出されたが、すぐに撤回される。訓練指揮官は、むしろ毎週の授業で講義、課題、議論をさまざまに組み合わせることが多かった。また、スライドや教材用映画のような、当時としては最新の器機を用いていた。

この親衛隊訓練で重要だったのは、「北方・アーリア人種」、ナチ運動、親衛隊の讃美だった。他方で、親衛隊イデオロギー上、ナチの「抹殺すべき敵」とされたボリシェヴィキ、自由主義的フリーメーソン、政治活動に携わる聖職者、そしてとくにユダヤ人については、徹底的にその「犯罪性」が明らかにされた。

親衛隊の「啓蒙」では、「アーリア人」の「良質な血」を汚し、ドイツ人を征服するためには、いかなる破廉恥行為も辞さない寄生虫、吸血動物、小児凌辱者だとユダヤ人を誹謗した。彼らの悪行の恐るべき詳細を示す客観的な証拠とされたのは、たとえばロシア史に繰り返し登場する、現在では偽書とされる『シオンの賢者の議定書』である。

訓練プログラムで親衛隊員に叩き込まれた猛烈な反ユダヤ主義を目の当たりにすると、ユルゲン・マテーウスら[*12]が編纂した親衛隊訓練用合本テキストに「教育目標はユダヤ人殺戮」というタイトルが付けられたのも、不思議ではないと思われる。

親衛隊雑誌

ヒムラーは、親衛隊の過激な世界観を広めようと、数誌の親衛隊特製の出版物も発行した。一九三四年四月創刊の月刊『ＦＭ雑誌』(***FM-Zeitschrift***)は、約三五万部が親衛隊賛助会員に届けられ、彼らは購読料として毎月少なくとも一ライヒスマルクを払わなければならなかった。

大部数を誇ったのは、売店での販売と予約購読で一九三八年から四四年までつねに五〇万部を超えていた機関紙『黒色軍団』(***Das schwarze Korps***)である。ゲッベルスが創刊した『帝国』(***Das Reich***)についで成功し、親衛隊がメッセージを発する場となった。

この新聞の成功は、写真を多数掲載した斬新なレイアウトによる現代的なデザインと、ナチの大物が多数「ボス化」していることへの率直な批判だった。親衛隊はこうして、いわば「真のナチズムの聖杯守護者」のように振る舞っていた。

『黒色軍団』の内容と表題、そして成功は、グンター・ダルケンの功績である。彼は一九一〇年生まれで、早くも少年時代にナチ運動に参加し、三一年には親衛隊に入隊する。一九三五年に親衛隊全国指導部の機関紙編集長になる前は、ヒトラーの選挙戦の際に、党機関紙『フェルキッシャー・ベオーバハター』(*Völkscher Beobachter*)の特別報道員として注目を集めた。

『黒色軍団』がどれほど過激な反ユダヤ主義を標榜していたか、一九三八年一一月二八日の論説「ユダヤ人とは?」を見てみよう。「水晶の夜」の直後である。この論説では、事実を異常に歪曲し、ユダヤ人はドイツに対する「戦争と殺人を煽動」していると非難し、さらに「ユダヤ人問題を完全に解決すべき時が来た」と呼びかけている。こうして全ユダヤ人の「余すところのない根絶」を明確に訴えていた。

3 黒い祭祀——ゲルマンの祭典、アーネンエルベの妄想

「火祭り」の祭典

一九三四年末以降、親衛隊は「教育という仕事の精神的深化」のため、また親衛隊員が「強烈な体験」を共有できるよう、全部隊が参加する夏至の火祭りを催した。「教育という仕事の精神的深化」とは、人種・植民本部の式典担当クルト・エッガースが一九三七年五月の『親衛隊主導冊子』掲載の論説における基本方針で述べたものである。

この祭典は古い「ゲルマン的・北方的」しきたりに従ったとされていたが、実際はむしろ、一九世紀末以来のブルジョワ青年運動「ワンダーフォーゲル」の慣習と関係があった。親衛隊中隊は毎年一二月二一日と六月二一日の晩遅く、「光の年」の開始ないし頂点[*13]を祝うために、近くの森あるいは山に向かった。そこで薪を積み上げて点火し、唱歌、焚書、演説、誓約を行った。

この祭典は、集団としてのまとまりが重要なだけでなく、宗教的な側面も備えていた。それは冬至の火祭りの際、講演者と参加した親衛隊員が交わした言葉からわかる。「我々は万物の神と、ドイツの大地で育つ永遠に若いドイツの血が我々に課す使命を信じる。我々は血の担い手である民族と、神が我々にと定めた指導者を信じる」。――「我々は信じる」。

「日輪が回転しながら高く上がる新年のこのとき、我々は、指導者に永遠に忠誠を尽くすと、父祖の遺産を聖遺物として守ると、死に至るまで親衛隊共同体の盟約にとどまり、我らが民族に仕えると誓う」。——「我々は誓う」。

「そして我々は、この冬至の聖火を前に、ドイツの神の面前に歩み出、指導者を通じて我らが民族に自由を贈られたことに感謝する。手を掲げ、永遠の忠誠を誓う」。

ここでの「万物の神」は、キリスト教の三位一体の神を意味するものではまったくない。親衛隊員に教え込まれた「ドイツの祈禱」が、それを証明している。

「我々はドイツ人として、我らが神の前に歩み出たい。我々は兵士として、彼の前に歩み出たい。〔中略〕神は、子どもらしい望みを微笑んで受け入れる穏和な老人ではない。〔中略〕神の像も比喩《ひゆ》も提示されなくても、我々は森羅万象にその存在を感じるだろう。〔中略〕祈りを捧げるとき、我々は力を与え給えと祈願する」。

ヒムラーの宗教上の迷走

神の概念が曖昧に感じられるのには、原因が二つある。

第一に、ヒムラー自身が宗教上の模索を続けている最中だったからだ。

　彼は一九二〇年代に政治的カトリシズムと激しく論争して、カトリックの実家で教え込まれた固定観念から次第に解放されていった。

　しかし彼は、不可知論にも無神論にも本質的に無縁であり、その後は心霊術、振り子魔術、ヒンズー教、仏教にのめり込んだ。彼がとくに魅せられたのは、ゲルマン的復興異教主義ないし汎神論《はんしんろん》であり、それが「北方運動」[14]グループまたはアルタマーネン協会[15]に出会うきっかけとなった。

　宗教に関するヒムラーの思考がどれほど混乱していたかは、彼が数年間、カール・マリア・ヴィリグートから宗教上の助言を得ていた事実が示している。

カール・マリア・ヴィリグート

　この元オーストリア軍将校は、一九二〇年代に退職して年金生活に入ったあと、「北方」のオカルティズムの信奉者「ヴァイストール」を名乗り、ゲルマン諸王から透視能力を受け継いでいると主張した。ただしヴィリグートは、妻に暴力を振るったのち禁治産を宣告され、一九二四年から二七年まで精神病院に収容されていたことを、ヒムラーに隠していた。一九三〇年代後半、過度のアルコール摂取と性問題をきっかけにそれが明るみに出たとき、ヒムラーは、少なくとも公式には彼から距離を置いた。

ヒムラーは定まらない宗教的な思考を何度も垣間見せていたが、真に系統的な、あるいは彼の親衛隊を拘束する形で定式化した教義はなかった。神の概念が曖昧に感じられる理由の第二は、以下のようなプロセスによる。

親衛隊は一時期、テュービンゲンの宗教学者でインド学者ヤーコプ・ヴィルヘルム・ハウアーの復興異教主義的「ドイツ信仰運動」に強く傾倒していた。だがヒトラーは一九三五年の夏、ハウアーへの接近を断固として禁じる。当時教会は、親衛隊などナチ組織が異教を支持することに不満を募らせていた。そのためヒトラーは、ヒムラー、ダレ、アルフレート・ローゼンベルクに、そうした「カルト的ナンセンスを取り除く」よう命じた。このときローゼンベルクの肩書きは「ナチ党の精神的な、そして世界観に関する訓練と教育を監督する総統代理」だった。

ヒトラーは、福音派教会との闘争やカトリック教会との政教条約締結交渉の際の経験から、少なくともこの時点では、ドイツ社会に深く根を下ろすキリスト教諸派と公然と争いたくはなかった。

そのため、ヒムラーと人種・植民本部の宗教専門家たち――責任者のエッガースは以前は福音派の聖職者だった――は、信仰問題で親衛隊員に影響力を及ぼそうという試みには慎重で、親衛隊全国指導部は公式にはつねに、親衛隊において宗教は私事であると強調していた。

だが、親衛隊指導部は、「ユダヤ・ローマ的に形成されたキリスト教」とその北方人種に対する歴史上の過失を敵視するよう隊員を訓練しなかったわけではない。一九三八年末までに親衛隊員六万一〇〇〇名が教会を離脱し、神を信じるが、プロテスタントにせよカトリックにせよ、もはやキリスト教の神は信じないと宣言する成果が得られた。親衛隊員が「教会と無関係に神を信じているにすぎない」割合は二〇％強で、全国平均のおよそ五倍に当たった。

親衛隊の宗教

ヒムラーは、親衛隊の脱キリスト教化だけでなく、「宗教に類似する儀式と生活様式」を備えた「キリスト教に代わる別の宗教の創出」（ハンス・モムゼン）*16が重要だと考えていた。それは、親衛隊が教会を離脱した隊員とその家族の要望に沿って、洗礼式、結婚式、葬式の代わりに「人生の節目の祭典」を提案したことからも明らかだ。それぞれに対応する「命名の祭」「婚姻の祭」「死者の祭」は、ヒトラーの命令で少人数の内輪でのみ挙行されたため、その頻度は正確にはわからないが、その内容に関する報告には、典礼としての性格がはっきり示されている。祭壇の代わりに通常、鉤十字旗と親衛隊旗で飾られた机が持ち込まれ、その上には聖書の代わりに『わが闘争』が、十字架の代わりにヒトラーの写真が置かれていた。青果、火皿、ルーン文字で飾られた部屋が教会の、また部隊長が司祭の代わりだった。部隊長は子どもに「ゲルマン」名を授け、父親にはそれを親衛隊「氏族共同体」へ迎え入れられた印とするよう勧めた。あるいは花嫁を共同体に歓迎し、彼女と夫にパンと塩を手渡した。

ヒムラーが親衛隊のためにつくらせたいくつかの「礼拝所」は、今日に至るまで、秘教的で右翼的な集団を魅了し続けている。ニーダーザクセンの町ヴェルデンに近いザクセンハインでは、彼の命令で、一九三四年から三六年にかけて、巨大な「古代ゲルマンの民会場」に四五〇〇ほどの大きな標石が置かれた。ヒムラーは、シャルルマーニュが七八二年、教会の命令に従ってまさにその人数のゲルマン人をこの場所で処刑させたと誤って信じ込んでおり、彼らの「良き血」のために記念碑を建て、ここを式典と訓練にも活用しようと考えたのだ。

さらに、二つの「親衛隊の聖地」が、ゲルマンの民族性とキリスト教の相剋を想起させた。

一つは、トイトブルクの森の壮観な砂岩層、いわゆるエクスターンシュタイネである。僧たちは中世以来、ここでキリスト教の儀式を執り行い、それにふさわしいレリーフを飾っていた。ヒムラーは、発掘作業によって彼らが古代ゲルマンの「イルミンズル」の礼拝所を数多く破壊したと証明し、それらを再興するつもりだった。

もう一つは、クヴェトリンブルク大聖堂である、ヒムラーは一九三六年以降、この大聖堂を親衛隊に占有させ改装しようとしていた。そこに埋葬されていた「北方的・ドイツ的」東フランク王国の創建者ハインリヒ1世に敬意を表するためである。ハインリヒ1世はドイツ人の東方植民を奨励していた。また、ローマが任命した司教による塗油を拒否したことでも知られる。ヒムラーはそれをキリスト教化に対する抵抗と解釈したのである。

クヴェトリンブルク大聖堂内からキリスト教の象徴すべてが一九四〇年までに撤去され、代わりに親衛隊旗が掲げられ、中央にハインリヒ1世の地下聖堂が新設され、薔薇窓には「ドイツの鷲」と鉤十字があしらわれた。

ヒムラーは建築家ヘルマン・バルテルスとともに、ヴェストファーレン州ヴェーヴェルスブルクをさらに大々的に改修する計画も立てている。一九三四年に親衛隊が借りていた半壊状態のパーダーボルンの領主司教の城を、強制収容所の囚人を投入して、巨大な集会所兼礼拝所に改築しようと企てたのである。半径四〇〇メートルを超える四分の三円形になるはずだったが、戦争で工事が遅延したために実現しなかった。

現在では「ヴェーヴェルスブルク記念館」となって、親衛隊の歴史に関する優れた展示をしているが、かつての領主司教の三角形の城ほど大きなものではない。巨大な「親衛隊の居城」の中心になるはずだった北塔にはたしかに、地下墓所、「黒い太陽」が床に描かれた「大将の広間」「礼拝所」らしきものがある。秘教に通じた人々は、今日までその意味をあれこれ推測している。

親衛隊の居城と親衛隊の宗教は、筋の通った体系的な構想によるものではない。偶然と恣意的な衝動でつくり出されたものだ。一九三六年一一月八日、ヒムラーは親衛隊将官会議での演説で、信仰の「最終的な新形態」は、下から上へ徐々に発展していくのでなくてはならないと明言している。結局、一九四五年までさらに多くの試みが行われたが、全親衛隊員が等しく敬意を表する「黒い祭祀」は完成しなかった。

精神先史学の研究団体――アーネンエルベ協会

ヒムラーは、自分の復興異教主義的宗教観念と「北方」人種主義的信念のどちらについても、現実とかけ離れた教理レベルで満足するつもりはなかった。その具現化のため、一九三五年に「精神先史学の研究団体」として「アーネンエルベ協会」[*17]を設立する。人類学、先史時代歴史学、考古学の研究を通じて、ヒムラーの固定観念に学問的基礎を提供しようとする機関である。

ヘルマン・ヴィルト

だが、この構想は、合理的で成果やデータが公的な研究と相容れないものであり、擬似学問にすぎなかった。さらにヒムラーは、アーネンエルベ協会の最重要パートナーとして、きわめて問題のある人物を選んでいた。ヘルマン・ヴィルトである。

ヴィルトは一八九五年、オランダのユトレヒトに生まれた。人文科学のさまざまな分野を学んで、音楽史で博士号を得たのち、一九二三年にドイツへ移住、民族至上主義者の間で名をあげる一方、先史時代ゲルマンの高度な文化に関する知識を持っていると主張する。彼は、それをトゥーレ[18]やアトランティス[19]のようなノスタルジーをおびた島・大陸伝説と関連づけた。ヴィルトは自分の理論の証拠を明示しなければならなかったが、それがルーン文字で書かれた「ウラ・リンダ年代記[20]」だった。彼はドイツ語訳を一九三三年に出版する。

ヒムラーとヴィルトは、ヴォルフラム・ジーファースとともに、親衛隊の資金、ダレの全国食糧身分団からの助成金、ドイツ研究共同体の資金を使って、ゲルマン遺蹟の発掘、ルーン文字研究、探検旅行を推進した。

ジーファースは一九〇五年生まれの書籍商で、二九年ナチ党に入り、三二年以来ヴィルトの助手、三五年以来アーネンエルベ協会の事務局長を務めた。

彼らの成果は、ヴァイキングの村ヘーゼビュー[21]（ドイツ語では「ハイタブ」）のような、今日でも称讃されている学問上の発見と、見当違いの研究や試み、悪名高い「魔女狩り特別調査[22]」などの奇妙な混合だった。なお、ヒムラーは、魔女狩り特別調査を利用して、「優れた血統」の女性に対するカトリック教会の犯罪を証明しようとしていた。

一九三七年にヴィルトが訳した「ウラ・リンダ年代記」が偽書とわかったとき、アーネンエルベ協会は深刻な危機に陥りかけた。ヒムラーは、ヴィルトを組織から追い出し、学問上は比較にならないほど業績があるヴァルター・ヴュストに代えて対処した。

インド学者のヴュストは、ナチ人文科学の若きスターだった。一九二三年に二一歳で博士号、二六年には早くも大学教員資格を得た。一九三三、三四年にナチ党、ナチ大学教官連盟、親衛隊保安部（SD）に入り、三五年ミュンヘン大学の教授兼学部長に、三六年親衛隊名誉将校になっていた。

ヴュストの関与は、アーネンエルベ協会の学問性をいくらか高めるためだったが、この親衛隊組織について研究したミヒャエル・カーター[*23]によれば、アーネンエルベ協会に「文化政策上の支配機能」と研究政策上決定的な影響力を持たせようというヴュスト

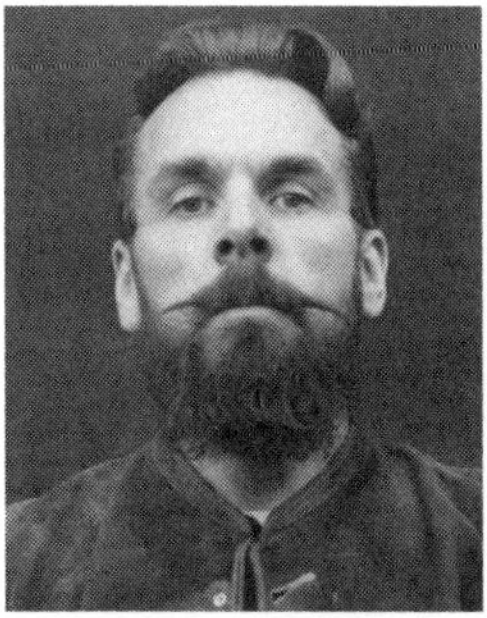
ヴォルフラム・ジーファース

ヴァルター・ヴュスト

とヒムラーの試みは完全に失敗する。せいぜい親衛隊所属の研究者が、先史学および原史考古学という特殊分野で多少優勢になった程度だった。

第二次世界大戦が始まると、当然ながらこれらの専門家は脇に押しやられた。アーネンエルベ協会も「国防経済に役立つ研究」に取り組むようになり、犯罪的な分野に足を踏み入れる。すでに油頁岩から燃料を得る方法を探す自給自足計画と並んで、親衛隊管轄下の強制収容所では人体実験が始まっていたからだ。

たとえば一九三九年、親衛隊に入隊した若い医者ジークムント・ラッシャーは、撃墜された空軍パイロットの生存率を調べ改善するために、ダハウ強制収容所で囚人に低圧実験と低体温実験を行った。ラッシャーは、被験者五〇〇名のほぼ半数が死んだことを気にもかけなかった。

同じく親衛隊の人類学者ブルーノ・ベーガーとハンス・フライシュハーカーも、良心の呵責《かしゃく》を感じることなく実験を行った。彼らは一九四三年、アウシュヴィッツ強制収容所の囚人八六名を拉致し殺害したが、それは遺体から骨格標本をつくって、シュトラースブルク大学に贈るためだった。

また、シュトラースブルクの解剖学者で、ベーガーとフライシュハーカーに骨格標本の提供を依頼したアウグスト・ヒルトは、ナッツヴァイラー＝シュトゥルットホーフ強制収容所でマスタードガス実験を行っている。

これらの事例は、親衛隊では奇妙な思いつきと、致命的な犯罪が相互に緊密に、最終的には分かちがたく結びついていたことを示している。

レーベンスボルン

アーネンエルベ協会以上に神話に彩られた親衛隊下部組織に、公には親衛隊員の妻子の支援を掲げたレーベンスボルン[*24]がある。一九三五年、アーネンエルベ協会設立から数ヵ月後、ヒムラーは社団法人としてこれを設立したが、最後まで親衛隊付属機関のままだった。

団体の目的は、ドイツ民族の「北方化」という人口政策上の目標の促進にあったが、「北方系」の女性たちが意図的に親衛隊員と掛け合わされる生殖施設という噂が絶えなかった。すでにヒトラー政権下で流布し、以来、大量の出版物に記された噂である。実際には、親衛隊の人種主義上の基準に適ってはいるが、未婚で妊娠した女性の堕胎の回避、内密の出産と養子縁組の機会を提供していた。

グレーゴル・エープナー

そのためにまず、エーバースベルクとヴァッサーブルクのほぼ中間にあるオーバーバイエルンのシュタインヘーリングに、ついでドイツ国内に八ヵ所、さらにはベルギー、フランス、ルクセンブルク、ノルウェーという占領地域にも一二ヵ所の分娩《ぶんべん》施設を設立する。そこには、「人種上」の適性、血統、「遺伝病質」に関する必要な検査に合格した妊婦が、出産予定日の数週間前に入所できた。

施設は人里離れた場所にあり、独自の戸籍役場と住民登録所を備えていたため、女性たちは外部に対して匿名のままでいることができた。出産後、レーベンスボルンの職員は、要望があれば子どもを養父母に斡旋《あっせん》するのに尽力した。養父母はたいてい親衛隊の「氏族共同体」から選ばれた。若い母親たちは、社会的に面目を失うことなく、療養後、故郷へ戻っていった。

レーベンスボルンの医療部門は、グレーゴル・エープナーが指導していた。一八九二年生まれ、第一次世界大戦の退役軍人で、一九三〇年ナチ党、三一年親衛隊に入り、しばらくヒムラーの主治医を務めていた人物である。運営は、一九三二年親衛隊に入隊した商店員グントラム・プフラウムが担当していた。彼が組織の超過債務のため退任したのち、一九四〇年以降は、「古参闘士」でミュンヘン一揆に参加したこともあるマックス・ゾルマンに任された。

レーベンスボルンの取り組みは、ドイツ人の出生数減少との戦いに貢献するよう親衛隊員に促すというヒムラーのもう一つのねらいと完全に合致していた。一九三八年末の時点で、なお親衛隊員の五七％が独身で、すでに父親になっていたのは二六％、期待された四人以上の子どもがいたのは八％にすぎなかったからだ。

一九三九年一〇月二八日、ヒムラーは状況改善のため悪名高い「生殖命令」[*25]を出し、「良き血統のドイツの女性と少女」に、「以前

レーベンスボルン　内密分娩や養子縁組を行った親衛隊付属機関の女性施設.「生殖施設」の噂が絶えなかった

はあたりまえだった市民階級の法と慣習の限界を超えても〔中略〕、出征する兵士の子どもの母になるよう」呼びかけた。

国防軍指導部の一部が、既婚のドイツ兵は婚外性交渉をすべきだという親衛隊員への呼びかけと解釈したので、ヒムラーは一九四〇年一月、弁明に追い込まれたが、レーベンスボルンの施設の継続的な拡張を考え、出生数を増やす計画にこだわり続けていた。たとえば、特別な功績のある、あるいは「人種的」に価値のある男性には、重婚を認め、いわゆる古ドイツ・ゲルマンの習俗にならって「自由結婚」と呼ぶつもりだった。戦時中、ヒムラー自身が秘書ヘートヴィヒ・ポットハストとの間に子ども二人を儲《もう》けてもいた。

レーベンスボルンが扱った分娩は総計八〇〇〇から一万一〇〇〇件と推定されている。ヒムラーの野心的な計画には遠く及ばなかった。レーベンスボルンは、そこで生まれた子どもたちが被ったあらゆる悲劇にもかかわらず歴史的には等閑視《とうかんし》されてきた。二〇〇五年に彼らの自助組織「社団法人レーベンスシュプーレン」[*26]が設立されている。

レーベンスボルンは親衛隊の犯罪と無関係ではない。戦時中、占領地域の子どもと青少年数百名の選別と拉致に関与していたからだ。彼らはドイツ本国に連れて来られ、新しく命名され養子に出されていた。

第4章

警察組織の併呑

ナチ国家防衛の使命

1　強制収容所の構築──過剰な暴力による支配

萌芽

一九三三年一月三〇日、パウル・フォン・ヒンデンブルク大統領は、ナチ党、ドイツ国家国民党、鉄兜団、無所属保守派の連合内閣の首相にヒトラーを任命した。親衛隊（SS）隊員は明らかに必要以上に暴力でこの時流に便乗しようとしていた。突撃隊（SA）と親衛隊の隊員は、自分たちの行動がヒトラーの合法戦術に適合的か否かを心配する必要がなくなったからだ。いまや内相にはナチ党員のヴィルヘルム・フリックが就き、プロイセン警察の指導はゲーリングが代行することになった。

二月にはゲーリングが、五万名の補助警察を設立する。そこには親衛隊のメンバー一万五〇〇〇名が所属することになった。さらに、ゲーリングは悪名高い「国家の敵」に対する発砲命令[*1]で親衛隊の期待に応えた。この命令によって共産党員や社会民主党員に銃口が向けられることになる。

二月末にはオランダの無政府主義者マリヌス・ファン・デア・リュッベが、国会議事堂に放火する事件が起きた。無政府主義者のこの放火に対して、ナチは自らのテロ行為を反革命措置と喧伝《けんでん》できた。なお、これをナチの所業とする主張があるが、それには、現在に至るまで確証がない。

二月二八日、ヒンデンブルク大統領は議事堂炎上令*2を発令して、ヴァイマル憲法が保障していた基本的人権と公民権を停止し、ナチへの好意を示した。議事堂炎上令は一九四五年まで有効であり、第三帝国の基本法となった。

このあと数ヵ月の間に、一〇万名にも及ぶナチの政敵とされた人々が保護検束*3された。早くもナチ化された警察部隊は、ナチ戦闘部隊の指揮下で急遽設置された一六〇ほどの拘置施設に彼らを連行した。

こうした初期の強制収容所は統一的ではなく多様だったが、それは親衛隊の関与がはっきりしている一二の施設をみればよくわかる。それらは、親衛隊の詰め所や寮（ヴィッテンとエッセン）、古い監獄（ベルリン・コロンビアハウス）、占拠されていた労働者運動の「人民会館」（ライヒェンバハ）、あるいは空き家になっていた産業施設（シュテッティーン・ブレード）に、設置されていた。立地は、人里離れた場所であったり、町の中心部だったりとさまざまだ。

監視員は、各都市の警察官や失業中の親衛隊員と突撃隊員の寄せ集めだった。補助警察費から彼らの給与は支払われたが、余分な出費は収容者たちに押しつけていた。

サディズムの発露

強制収容所のすべてに共通していたのは過剰な暴力だった。保護検束された人々の抵抗の気持ちを喪失させることが目的だったが、ナチ監視員がサディスティックな性癖と鬱積《うっせき》した攻撃性を手軽に発揮するためでもあった。

新たに収容された者たちは、多くの収容所で歓迎の殴打や鞭《むち》打ちに遭った。限界まで走らされ、何時間もの教練を課され、無意味な土木工事に従事させられるなど、嫌がらせ目的の拷問が日常的に行われた。独自の拷問部屋には「涙の地下室」（ヴィッテン）、「喜びの部屋」（モーリンゲン）のような特殊な名称が付けられた。

収容者たちは、鞭、棍棒《こんぼう》、鎖《くさり》、鋼鉄製の鞭で繰り返し殴られ命を落とした。初期の強制収容所内で一九三三年に起きた政治的殺人は、自殺、心筋梗塞、あるいは逃亡時の射殺とされ、その正確な人数はわかっていない。信頼できる推定数は五〇〇名と一〇〇〇名の間で揺れ動いている。

ダハウ強制収容所，1938年7月

親衛隊員は、自分たちの残忍性を隠すべきだとは、ほとんど思っていなかった。それはヴィッテンとライヒェンバハの事例でよくわかる。ヴィッテンの保護検束用収容所は女子高等学校施設の翼《ウィング》に設けられていたが、生徒たちから苦痛の叫び声が聞こえてくるとの苦情が多く寄せられた。同様の「迷惑な騒音」を防止するため、ライヒェンバハのナチ女性組織は、収容者の顔に押しつけるための「音を消すクッション」を当地の親衛隊に寄付している。

一九三三年の春、ミュンヘンの警察本部長とバイエルン政治警察長官に任命されたヒムラーは、暴力がもたらす不利益をかなり早くから認識していた。ヒムラーはバイエルンの中心的な保護検束者用の強制収容所を、ミュンヘン北方の小さな町ダハウからあまり遠くない弾薬工場の跡地につくらせた。このダハウ強制収容所の管理は、まずバイエルン都市警察の百人隊[*4]が、一九三三年四月半ばからは親衛隊大尉ヒルマー・ヴェッケルレ指揮下の補助警察部隊が行った。この補助警察部隊はランツフート、アウクスブルク、ミュンヘンの親衛隊員で構成されていた。

ダハウ強制収容所が親衛隊の支配下に移されたことは、この時点で二二三名いた収容者たちの状況の劇的な悪化を意味していた。ヴェッケルレ大尉と直属の上司親衛隊准将エラスムス・フォン・マルゼン＝ポニツカウが、隊員たちに意図的に無慈悲な振る舞いをさせたからだ。さらには「掩蔽壕《えんぺいごう》」と呼ばれる特別な拷問場所も設置された。一九三三年五月末までに親衛隊体制下のダハウ強制収容所は一三名の死者を出し、ミュンヘン検察で問題視される。

ヒムラーはミュンヘン検察の追及を「かわす」ことに成功したが、ダハウ強制収容所は不穏な状況だったため、より組織的な恐怖政治が必要だと考えた。そして、抑制が形式だけ重要だったことを示す人事が行われる。

テーオドーア・アイケとは

ヒムラーが、ダハウ強制収容所の新司令官にして模範強制収容所の組織者に任命したのは、テーオドーア・アイケである。

アイケは一八九二年エルザス＝ロートリンゲンに生まれ、実科学校卒業後、陸軍に志願し、主計官を務めた。第一次世界大戦の敗戦は、彼の下士官としての経歴の終わりを告げただけでなく、故郷を失うことを意味した。アイケはまだ若い夫かつ父親であり、警察官に転職しようとしたがうまくいかなかった。数回の転居後、一九二三年になってようやくルートヴィヒスハーフェンの化学工場に保安係の定職を得る。

その後アイケは、一九二八年にナチ党と突撃隊に入り、三〇年には突撃隊から親衛隊に移籍する。プファルツの親衛隊部隊を設立して評価されたアイケは、一九三二年に親衛隊准将に昇進する。だが、ナチ党大管区指導者ヨーゼフ・ビュルケル[*5]と次第に対立するようになり、同年に自宅で大量の爆薬が見つかり、禁錮二年の有罪判決が下された。ヒムラーとの申し合わせで、ムッソリーニ支配下のイタリアへ逃亡したアイケは、ガルダ湖で極右政治亡命者の収容所長に就いた。

テーオドーア・アイケ

ヒトラー政権成立後、アイケはドイツへ戻ったが、ビュルケルを再び攻撃する。その後、禁治産宣告を受けて一時的に親衛隊から追放され、ヴュルツブルク精神病院に入れられた。何度か嘆願書を出すなか、アイケを精神病院から連れ戻したのはヒムラーだった。ヒムラーは、アイケが「保護観察中」の身で、完全に自分の支配下にあることを十分承知していた。

「ダハウ・モデル」の構築

ヒムラーはアイケをダハウ強制収容所司令官に任命し、彼に施設を任せた。アイケは外部に対してダハウ強制収容所を閉ざし、情け容赦ない教練と、それとは対照的に細やかで親しみのこもった「同志的」気遣い、さらには異例の昇進の可能性を示しながら監視部隊の訓練を行った。収容所内でアイケは、「パパ・アイケ」というあだ名を付けられている。なお、国防軍将校に必要とされたアビトゥーア（大学進学資格試験）は、親衛隊の将校には不要だった。

ダハウ強制収容所では、監視員は所内生活を管轄する司令幕僚部ならびに支部収容所の監視を担当する監視部隊と髑髏部隊に分けられていた。指導部は司令部のほかに、副官部、政治部、予防検束収容所、管理部、医療部の五部門で構成されていた。

収容者はカテゴリー別に分類された。まずは態度、のちには逮捕理由がその基準だったが、分割統治の原理に従っていた。同様に幹部囚人、とりわけ古参囚人代表、収容所書記、囚人補助監督、各収容棟班長には特権を与えていた。収容者たちの間に軋轢《あつれき》を生むためである。その結果、収容者の社会には「グレーゾーン」（プリーモ・レーヴィ[*6]）ができ、そこでは加害者と被害者の区別が曖昧になっていた。

一九三三年一〇月、アイケは監視員の服務規則と規律・懲罰規程を定めた。懲罰規程は、現実にはその通りにはならなかったが、食事の禁止から独房監禁および笞《ち》刑《けい》を経て死刑に至る精密な処罰のカタログを目指していた。

監視員は依然として収容者に対し、寝台がきちんと整頓されていない、間違ったシャベルを使った、点呼の際に直立していなかったなどと難癖をつけて暴力を振るった。他方、監視員同士はアイケ流の「同志愛」の精神で違反をかばい合っていた。

こうして、アイケ司令官のもとダハウ強制収容所では、親衛隊の監視員が収容者に「絶対的権力」（ヴォルフガング・ゾフスキー[*7]）を振るい続けた。

強制収容所システムの再編

一九三四年の春以降、ハインリヒ・ヒムラーは、テーオドーア・アイケをダハウ強制収容所の司令官職から徐々に外しつつ、彼の権限を拡大させた。アイケは一九三四年六月三〇日〜七月二日の「レーム一揆」[*8]の際に、突撃隊幕僚長を自ら射殺し、ヒムラーに対する感謝の念を示した。そして、ヒムラーはアイケを強制収容所総監に任命する。

ヒムラーはすべての初期強制収容所について、閉鎖するか、あるいは親衛隊の支配下に置いたダハウ強制収容所のようにするかの判断をアイケに任せた。アイケのもとにあった「査察部」は、首都ベルリンに移転し、ナチ収容所システムの中心となった。

アイケは一九三四、三五年、ヒムラーから託された任務を遂行するにあたり、ヒムラーにならって、信頼でき、完全にアイケに依存している男たちを採用した。

たとえばハンス・ローリッツである。彼はアイケのもとダハウ強制収容所で学び、エスターヴェーゲン、ダハウ、ザクセンハウゼンで強制収容所司令官に昇進するまでにすでに二度も深刻な人生の危機に陥っていた。ローリッツは一八九五年アウクスブルク生まれで、第一次世界大戦に従軍している。一九二八年に職務上貸与されていたオートバイを私的に使用し、目撃者を侮辱、脅迫し、虚偽の供述をさせようとしたため警察官という堅実な職を失った。

アウクスブルク市のガスメーター検査員に転職したローリッツは、その後親衛隊に入る。ローリッツはシュヴァーベンの親衛隊部隊長に昇進したが、一九三三年に重大な過失を犯した。ナチ党大会で高位の突撃隊指導者たちを侮辱したのだ。ローリッツは亡命してきたオーストリア・ナチを収監するナチの収容所に左遷された。

この収容所もダハウにあり、同様に混乱した状況にあった。アイケはここでローリッツを見出し、彼を親衛隊強制収容所に迎えた。ローリッツはその後、悪名高い強制収容所司令官カール・オットー・コッホとともに、強制収容所査察部の人事政策顧問のような役職に就いた。ローリッツはその役職でやりたい放題で、親衛隊の建築資材を流用し、収容者を使役しオーストリアのヴォルフガング湖に自分の贅沢な別荘を建てている。彼は腐敗は見逃したが、アイケへの格別な忠誠は保持していた。

ハンス・ローリッツ

しかし、再編成が成功する前のこの時期、強制収容所システムは危機に陥っていた。労働運動を粉砕し、初期の強制収容所を閉鎖した結果、一九三四年末には収容者の総数は、三〇〇〇名まで減少していた。まだ無所属だった法相フランツ・ギュルトナーや内相フリ

ザクセンハウゼン強制収容所，1943 年　イギリス軍による空撮

ック（ナチ党）は、保護検束という手段を国家機関の手に取り戻し、強制収容所を廃止できるほど強力になってもいた。だが、ヒトラーは一九三五年二月二〇日、ギュルトナーやフリックのような「不法国家の法律尊重主義者」（ギュンター・ネリバ）[*9]に反対し、ヒムラーと超法規的な強制収容所の維持を支持する決定を下した。

一九三六年以降、強制収容所システムは根本から改造され、これを扱った包括的論文集のタイトル『テロの現場』[*10]のようになっていく。

新たなタイプの強制収容所が、ベルリン北郊の小都市オラーニエンブルクに設置された。ザクセンハウゼン強制収容所である。古い建物が、司令部棟、親衛隊の作業場、監視員の住居、そしてチェス盤のように配置された囚人用バラックに転用された。

一九三七年から三九年までに、ザクセンハウゼン強制収容所をモデルにダハウ強制収容所が改造され、ブーヘンヴァルト、フロッセンビュルク、マウトハウゼン、そして最後にラーヴェンスブリュックが強制収容所として建設された。ラーヴェンスブリュックは女性用の基幹収容所である。一九三八年には、アイケの査察部がザクセンハウゼン強制収容所に移っている。

ほかの全収容所が閉鎖されたのち、アイケのもとにある六つの強制収容所に収監された五万名は、第二次世界大戦前夜には共通の管理下に置かれていた。この時点で、髑髏部隊員が二万二〇〇〇名、司令部員六〇〇名が働いていた。彼らはみな強制収容所で一二年間の勤務を義務づけられ、アイケが考案した特別訓練を受けた。彼らはこの訓練を受けて暴力の専門家になっていく。

2　ゲスターポの拡張、国家保安本部の設立

ラインハルト・ハイドリヒ

ヒムラーは、新たなナチ「大権国家」（エルンスト・フレンケル）[*11]の核として、強制収

容所システムを確立した。また、並行して古典的な支配の道具である警察を徐々に「規範国家的」制約から解き放ち、ナチのイデオロギー目標のために「戦う行政機構」に改造し、親衛隊と融合させた新しい「国家防衛軍団」にしようとしていた。この実現のために最も重要な盟友だったのが、ラインハルト・ハイドリヒである。

ラインハルト・ハイドリヒ

一九〇四年、豊かな音楽家の家庭に生まれたハイドリヒは、はっきりと「北方系」の外見を持っていた。スポーツ好きだったことを除いては、保守的なブルジョワ家庭で大切にされ、音楽教育を施された幼少年期からは、彼が「理想的な親衛隊員」に、そしてのちに英国情報機関が恐れるナチ国家テロの「頭脳」になるとは予想できない。

ハイドリヒが急激に「ナチ化」したのは、一九三〇年代初めになってからのことである。この変化には、相互に関連する二つの理由があった。一つは、一九三〇年に二六歳のハイドリヒが恋に落ちたリナ・フォン・オステンが、熱烈にナチを支持する家庭の出身だったことである。もう一つは、この関係がハイドリヒの海軍での経歴に容易ならぬ影響を及ぼしたことである。なぜなら、彼は一九三〇年に海軍の取引業者の娘とも性関係を持ったため、取引業者が海軍本部に苦情を申し立てたからだ。ハイドリヒは海軍から「不名誉な所業」ゆえに解任される。

挫折した者に再起の機会を与えたのはヒムラーである。ヒムラーはハイドリヒの幼友達カール・フォン・エーバーシュタインの仲立ちで、ハイドリヒを親衛隊に迎え入れ、党の諜報機関の設立を委任した。

フォン・エーバーシュタインは一九二九年親衛隊に入り、三一年春以降はミュンヘンの突撃隊最高指導部のために働いた人物である。諜報機関は一九三二年の夏、保安部（SD）という名称になり、政敵とヒトラー批判者を内偵する権限を与えられた。

一九三三年の春、ヒムラーはバイエルンの政治警察を掌握したとき、ハイドリヒに日常業務の指導を任せた。二人はヒトラーの同意を得て、一年のうちにほかの州でも同様の権限を獲得する。

ハイドリヒは、統括所在地をミュンヘンのヴィッテルスバハ宮殿から、ヘルマン・ゲーリングが一九三三年四月、ベルリンのプリンツ・アルブレヒト通りに設立した秘密国家警察本部に移した。そして「政治警察司令官・諸州調整中央本部」を設置する。ゲーリングが最初に任命していた秘密国家警察（ゲスターポ）長官ルドルフ・ディールスは、他州の一〇名の同僚とともに罷免された。後任のうち七名は保安部員だった。

秘密国家警察＝ゲスターポの成長

他方で、ゲスターポの中間管理職と職員には、大きな異動はなかった。政治警察の古参職員の多くは、共産党と社会民主党を標的とするナチ党の徹底的な抑圧措置を完全に理解し、この新任上司のため職務にふさわしい仕事をしたからだ。彼らの忠誠心がより強くなったのは、ゲスターポがハイドリヒ指揮下で急成長したためでもある。

一九三四年に二六〇〇名ほどだった職員は、三七年には七〇〇〇名に増加する。さらに、大きな出世の機会が提供されたことが、ハインリヒ・ミュラーの経歴からわかる。

一九〇〇年ミュンヘンに生まれたミュラーは、一九年から政治警察での勤務を始め、苦労して中間管理職にまで昇進していた。一九三四年親衛隊に、三九年ナチ党に入り、履歴上は昇進に必要な条件を満たしていなかったが、ハイドリヒに引き立てられ、第三帝国ではゲスターポ長官兼警察中将に昇進する。

ゲスターポが拡大したのは人員だけではない。一九三三、三四年には、ほかの全警察部隊への命令権や保護検束の専有権のような新たな権限も獲得する。この新たな権限は親衛隊にとって巨大な権力獲得を意味した。

だが、ゲスターポについての第二次世界大戦後の認識には間違いも多い。たとえば、ゲスターポが振るう権力と暴力によって、ナチへの抵抗が萎縮せざるを得なかった、またゲスターポは保安部との結びつきによって、多大な権限を持つスーパー機関となったというものである。

ハインリヒ・ミュラー

しかし、ハイドリヒがドイツ中に張りめぐらした協力者と諜報員の網の目は、のちの東ドイツ国家保安省（シュタージ）のそれほど細かくはなかった。たとえば、シュタージはライプツィヒで市民一一七名に対しスパイ一名を配置していたが、保安部の監視は一七五〇名に対して一名であり、ゲスターポに至っては八五〇〇名に対して一名だった。つまり、ゲスターポは、密告する無数の普通のドイツ人がいなければ、ナチへの抵抗を弾圧できなかったのである。

融　合――ヒトラーの意志

ヒムラーとハイドリヒは、ゲスターポを自らの支配下に置いただけでは満足せず、国家警察の諸組織と権限の獲得を望んでいた。ヒトラーが一九三〇年、突撃隊のシュテンネス叛乱での働きに感謝し、親衛隊を唯一の「党内警察機関」に任じたことが、それを後押ししていた。対して内相フリックは、一九三四年一月に「国家の新編成に関する法」が公布されたのち、警察の全面的な中央集権化の実現に権限を持つのは自分だと宣言していた。

国内の治安維持機関を誰に任せるか決定を下したのは、結局はアドルフ・ヒトラーである。ヒトラーは一九三五年一〇月、ヒムラーと協議した際、彼に決まるだろうと伝え、翌三六年六月一七日にヒムラーをドイツ警察長官に任命した。このポストが内務省に属すのは、ヒトラーとヒムラーの直接の関係を見れば、形式上のことにすぎない。「順法主義者」フリックは蹴落とされたのだ。

ヒムラーのドイツ警察長官就任は、ナチズムと第三帝国に典型的な権限争いでの彼の勝利を意味した。さらに、ヒムラーは、支配の道具としての警察の完全改組を行う。それは次の二つの基本方針が示している。

第一に、ヒムラーは親衛隊訓練局に委任して、ドイツ警察全体に親衛隊イデオロギー支持を誓わせようとした。第二に、古典的なドイツ官庁の構造ではなく、親衛隊にならった上位の組織を新設する。

ヒムラーは、制服警察全体の統合を目的とした秩序警察本部をクルト・ダリューゲに任せた。その管轄下に置かれたのは地方警察、都市警察、地区警察である。ベルリンの親衛隊指導者ダリューゲは一九三三年、プロイセン内務省の「特別任務担当委員」として、巨大な州の治安機関を強制的に同質化させる。さらに、民主主義を奉ずる官吏を一掃した。プロイセン内相だったゲーリングに協力して、ダリューゲはその際、プロイセンの警察本部長一三名を罷免し、代わりに突撃隊と親衛隊の指導者を任命する。プロイセン州全体では一九三三年、「職業官吏階級再建に関する法」に基づいて上級警察官の七%から一〇%を交替させた。

他方で、ヒムラーは刑事警察の指導をハイドリヒに任せた。ハイドリヒは、新設の保安警察本部内の刑事警察をゲスターポと結びつける。ハインリヒ・ミュラーが引き続きゲスターポを管轄する一方、まもなく発足した刑事警察局の指導はアルトゥア・ネーベに任せた。

一八九四年生まれのネーベは、一九二〇年以来ベルリンで典型的な刑事のキャリアを築き、誰もが認める専門家だった。一九三一年に知人ダリューゲの影響でナチ党と突撃隊に入り、ナチズムの「古参闘士」というみなが望む身分を得た。ただし、ネーベは第二次世界大戦中、次第にナチの「最終的勝利」に疑問を抱くようになる。保守派の抵抗グループに接近し、一九四四年七月二〇日にシュタウフェンベルクが試みたヒトラー暗殺が未遂に終わったのちに処刑される。彼は第三帝国の最も理解しづらい人物の一人である。

アルトゥア・ネーベ

ヒムラー、ハイドリヒ、ダリューゲの指揮下で目に見えて拡大したのは、ゲスターポだけではない。秩序警察も一九三五年から三八年までにおよそ一万五〇〇〇名、刑事警察も第三帝国の終焉までに四〇〇〇名ほどの警察官を増員させた。
ヒムラーはこの拡大により、人事を通して警察と親衛隊を次第に一つに結びつける。警察の新設のポストには、可能なかぎり親衛隊員があてられた。さらに、ある程度親衛隊の採用基準に適合した警察官には、在職期間を問わず親衛隊に入隊するよう圧力をかけた。その際、秩序警察官は一般親衛隊が、保安警察官は保安部が受け入れた。ヒムラーが望んだ警察と親衛隊の融合は、開戦までに秩序警察幹部レベルで約二〇％、保安警察幹部レベルでは五〇％以上達成されていた。

国家保安本部（RSHA）の成立

一九三九年九月二七日、国家保安本部（RSHA）が設立され、組織的再編が完成する。ハイドリヒは第二次世界大戦が始まってから数週間のこの時点で、親衛隊および党組織保安部と国家機構である保安警察を戦闘的な一組織にまとめあげた。ミヒャエル・ヴィルト[*12]の著書『絶対の世代』(*Generation des Unbedingten*)は、小心かつ卑屈で機械的に仕事をする「机上の犯罪立案者」という古いイメージは、国家保安本部の指導部にはほとんど当てはまらないと立証している。若く大学教育を受けたメンバーのほとんどが、どれほど強くイデオロギーに動機づけられていたかを示す典型例は、オットー・オーレンドルフである。

オーレンドルフは一九二五年、一八歳でナチ党と突撃隊に、二七年に親衛隊に入った。

オットー・オーレンドルフ

大学で法学と国民経済学を学んでいたときはナチ学生同盟で、司法研修生時代はナチ官吏同盟の訓練指揮官として活動した。専任の幹部として保安部に移る以前は、一九三三年から三六年までキール世界経済研究所とベルリン応用経済学研究所で働いていた。一九三八年、保安部および国家保安本部での活動と並行し、ドイツ商業集団の事務局長ならびに経済省所管部長としてキャリアを積む。国家保安本部では、ドイツ国民の全生活領域の監視を担当し、「全体主義体制の情報機関」の任務を全うした。

オーレンドルフは「真のナチズムの聖杯の守護者」を自認し、自分が責任者を務め秘密扱いにされていた全国情勢報告で、たとえば公式のナチ経済政策を率直に批判し、報告が差し止められたこともある。オーレンドルフは第二次世界大戦後、ニュルンベルク裁判に証人ならびに被告人として出廷した際、ホロコーストを正当化し、あらためて「世界ユダヤ人」を脅迫し、完璧なナチ信奉者であると自らを示すことになる。

3　政敵弾圧から民族防衛へ——予防拘禁、強制労働

ハイドリヒの「右腕」

一九三〇年代半ばには、ヒムラーとハイドリヒが親衛隊と警察からつくりあげた国家防衛軍団は、国内の抵抗を排除しヒトラーの支配とナチ国家を守るという任務を広範に果たしていた。一九三三年に連立を組んだ保守派は強制的に同質化、あるいは排除されていた。労働運動は粉砕され、ドイツ社会民主党とドイツ共産党の支持者の逮捕件数も減少していく。一九三六年には一万三〇〇〇名が拘留されていたが、三七年には九〇〇〇名、三八年には三五〇〇名にも満たなくなっていた。

そのため先述したように、強制収容所システムは危機に陥ったが、親衛隊全国指導部は、警察の仕事に関連した新しく野心的な構想を発展させる機会を得た。ヴェルナー・ベストがこの構想の先駆者となった。彼はオーレンドルフと並んで、真に重要な親衛隊の知識人である。

一九〇三年生まれのベストの人格を形成したのは、第一次世界大戦における父の英雄

ヴェルナー・ベスト

的な死である。ベストは法律を学んだ学生時代に、フランスのラインラント占領に激しい抗議活動を行い、エルンスト・ユンガーやエルンスト・フォン・ザーロモンを中心とする極右エリートの「保守革命」[*13]グループに加わっていた。博士号を得て司法研修を終えたあと、ヘッセンの区裁判所判事に任命されたが、ヴァイマル体制に満足できず、一九三〇年にナチに入党する。一九三一年、ベストが突撃隊のために練り上げた陰謀計画が発覚し、「ボックスハイム文書事件」[*14]と呼ばれるスキャンダルが国中に広がると、失職し、さらに過激化して親衛隊に入る。一九三三、三四年にはヘッセン警察の強制的同質化に重要な役割を果たしたのち、保安部、ゲスターポ、保安警察本部、ついには国家保安本部でも、ハイドリヒの「右腕」となった。

ベストは、ハイドリヒ、ヒムラーとともに、警察を国家とその規範の執行機関として活用するだけでなく、「健康な民族体」と「犯罪者のいない民族共同体」を社会生物学と人種主義に基づいて全面的に防衛するために利用する計画を進めた。

警察官は政敵を除去し、法律違反者を捕えるだけでなく、「ナチが民族の『正常で』『健康な』状態から『逸脱』していると見なした」（カリン・オルト）あらゆる人々にも対処する義務があった。その際の決定権は親衛隊と警察の指導部のみにあるとした。[*15]

ヒトラーが何回かの協議を経てこの構想を基本的に承認したのち、ベストは一九三六年以降、ナチ法律家同盟の主要機関誌『ドイツ法』（*Deutsches Recht*）に一連の論文を発表する。

警察権限の強化

ヒムラーの指揮下に入った警察は、一九三七年一二月一四日の犯罪撲滅・予防法と三八年一月二五日の改定保護検束法によって、前科三犯の犯罪者、あるいは「反社会的行為」の科《とが》で、一般人を強制収容所に無期限拘留する権限を得ていた。

警察による「予防拘禁」の場合、それを不当とする提訴は、原則的にできなかった。抗告について最終決定を下すのは、親衛隊全国指導者兼ドイツ警察長官ヒムラーだった。

ハイドリヒの保安警察本部には、この構想のため、たとえば「広域に活動するプロの泥棒」「同性愛と堕胎」「ジプシーの悪事」に対処する特別部署が設けられた。

水晶の夜（クリスタル・ナハト），1938年11月9〜10日　反ユダヤ暴動によって全ドイツでユダヤ人への迫害，商店破壊などが行われた

一九三七、三八年、数回にわたる作戦により、職業安定所が告発していた「職業犯罪者」「犯罪常習者」「風俗犯罪者」、売春婦、同性愛者、無宿人、物乞い、アルコール依存者、「労働忌避者」など数千名が強制収容所へ引き渡された。

一九三八年春のオーストリア併合（「アンシュルス」）の結果、新たに多数の政治的保護検束者が、さらに同年一一月九日の「水晶の夜」によるポグロム後に、何万人ものユダヤ人が初めて強制収容所に送られた。そのため収容者は五万四〇〇〇名まで増加したが、第二次世界大戦開戦時には二万一〇〇〇名に減っていた。

強制収容所内では、ユダヤ人と同性愛者が最初からとくに苛酷な状況に置かれていた。親衛隊員は訓練中、組織的にユダヤ人を虐待した。同性愛者は誰の目にもつくように蓄薇色の三角形の烙印を押された。強制収容所の一ヵ月当たりの死者数は、「水晶の夜」後の数ヵ月に数十名から数百名へと増加していた。

強制収容所の囚人労働

第二次世界大戦前、強制収容所システムは、親衛隊監視員による残虐行為の過激化、収容所数の増大と並んで、第三の点でも変化する。これには、オズヴァルト・ポールという名が分かちがたく結びついている。

オズヴァルト・ポール

ポールは、一八九二年に鉄鋼の大企業ティッセンに勤める熟練工の息子として生まれた。アビトゥーア（大学入学資格）を得たものの経済上の理由で進学できず、一九一二年から三四年まで海軍の主計官を務め、海軍では最後に五〇〇名ほどが働く管理部門の責任者だった。すでに一九二六年以来ナチとも関わり、三三年にヒムラーは彼を親衛隊に招き、大佐に、そして親衛隊行政全体の長に据えた。

ポールは、強制収容所囚人の強制労働の組織化と合理化に力を傾注した。労働投入は、ダハウ、ザクセンハウゼン、そのほか一連の強制収容所の門に掲げられた、悪名高く皮肉なスローガン「働けば自由になれる」が示すように、最初から収容所囚人の日常の一部だった。強制労働は、場所によってその方法は違ったが、囚人の虐待と彼らの意志を打ち砕くのに役立った。意図的なさまざまな嫌がらせが労働効率を犠牲にして行われた。

ポールと強制収容所査察官代理ヴィルヘルム・ブールベークは、強制労働をナチの大規模プロジェクト用建築資材の供給という経済目的に活用した。プロジェクトの例としては、ニュルンベルクの党大会会場の延々と続いた拡張、あるいはベルリンの「帝国首都ゲルマニア」への改造がある。このため親衛隊所有のドイツ土石採取会社が設立され、囚人が労働奴隷として煉瓦工場と採石場に投入された。

ザクセンハウゼン、ブーヘンヴァルト、フロッセンビュルク、マウトハウゼンの新設強制収容所の立地は、粘土と岩石の採掘が可能か否かを考慮して選ばれていた。元囚人たちは、ブーヘンヴァルトの「血の道路」、マウトハウゼンの「死の階段」の記憶をやっとの思いで語る。労働は、彼らが置かれた厳しい状況を緩和するものでは決してなかった。

第5章

第二次世界大戦下の膨張

1939～45年

1　武装親衛隊──「軍事エリート」の実像

成　立──親衛隊の私設軍隊

一九三三年一月末、首相に任命されたヒトラーは、そのわずか四日後に開かれた秘密会談で、外相コンスタンティン・フォン・ノイラートと国防相ヴェルナー・フォン・ブロンベルクに、政治上の主目標を明らかにした。ドイツの「生存圏」[*1]獲得とその容赦ない「ゲルマン化」[*2]である。

聞き手たちは、新たな戦争なくして、それが実現不可能だとわかっていた。首相就任当初、外国向けに平和志向の美辞麗句を発信していたヒトラーは、目標追求のため戦争を準備しようとしていた。

一九三五年に一般兵役義務制を導入し、ヴェルサイユ条約による一〇万陸軍という規制を取り払った。一九三六年に四ヵ年計画[*3]を公表し、これによってドイツ経済は軍備増強を推進し、戦争遂行に備える。一九三七年には、新たな秘密会議で外務省と国防軍の首脳を前に「暴力という手段」の行使を明言した。

武装親衛隊　閲兵するヨーゼフ・ディートリヒ（右端），一人おいてヒトラー

親衛隊（ＳＳ）が暴力という手段を共にする用意があったことは言うまでもない。ヒムラーは一九三八年一一月八日、「水晶の夜」の前夜、親衛隊中将たちに「前代未聞の大帝国」の建設を支持すると誓わせている。ヒムラーによれば、近い将来、問題になるのは「大ゲルマン帝国か無か」である。

ヒムラーは、ドイツの命運がかかった戦争を新国防軍だけに任せるつもりはなかった。一九三九年九月一日、ヒトラーがポーランド攻撃（「白作戦」）を命じたとき、約四五〇万の正規軍と並んで、まだ小規模だが、強固な団結を誇った親衛隊の私設軍隊も進軍した。この私設軍隊には一九三九年末までに「武装親衛隊」という名称が与えられる。

ミュンヘン、エルヴァンゲン、ヴォルターディンゲン、バート・アロルゼン、ドレスデン、ユーターボーク、ツォッセン、ハンブルクといった地域の親衛隊指導者は、すでに一九三三年、「警護班」「治安予備隊」という名称で、武装し兵営に寄宿する小規模な親衛隊部隊を設立していた。ヒトラーの護衛兵を自認していた「アドルフ・ヒトラー親衛連隊」も武装部隊に組み替えられる。その指揮官は、軍事史上稀な経歴の持ち主であるヨーゼフ・ディートリヒだった。

皆から「ゼップ」とだけ呼ばれたヨーゼフ・ディートリヒは、一八九二年にアルゴイで農業労働者の息子として生まれた。落ち着きのない若者は小学校卒業後、遠方へ旅立つ。オーストリア、イタリア、スイスを放浪したのちにアウクスブルクで兵役に就き、そのあとはパン屋の配達員として働いた。第一次世界大戦ではドイツ軍初の戦車部隊の一つで戦い、戦後は普通の市民社会とのつながりを見つけられなかった。だが、彼の粗野な性質は明らかに親衛隊にふさわしく、一九二八年にミュンヘンで入隊する。

ディートリヒはヴァイマル共和国末期、バイエルン、ついで南ドイツ全体の親衛隊の組織者として台頭する。一九三二年に親衛隊の基本的な任務、つまり総統であるヒトラー個人の警護の責任者になった。一九三九年九月には自らの親衛連隊とともにポーランド侵攻に参加した。第二次世界大戦末期には、正規の将校教育を受けないまま装甲軍司令官、親衛隊上級大将として武装親衛隊の最高位二名の一人となる。

一九三三年から三四年にかけて、国防軍は、不信感を抱きながら突撃隊（SA）と親衛隊の（準）軍事的野心を眺めていた。将軍たちは「国家の武装の担い手」という国防軍の独占的地位が脅かされるのを恐れ、古典的な政治取引を行っていた。

国防相ブロンベルクは一九三四年九月二四日の布告で、同年半ばのレーム一揆の際、大規模ゆえ国防軍にとってより危険な突撃隊の無力化に貢献した代償として、親衛隊に武装三個連隊の存続を認めている。ミュンヘン駐屯の「ドイツ連隊」、ハンブルク駐屯の「ゲルマニア連隊」、そしてアドルフ・ヒトラー親衛連隊である。アドルフ・ヒトラー親衛連隊の司令部は、ベルリン＝リヒターフェルデの元プロイセン士官学校に置かれていた。現在は連邦文書館の敷地である。

武装三個連隊は内務省の予算から給与を受け取り、まとまって親衛隊特務部隊を形成していく。ヒムラーは、一般親衛隊の多くを占める余暇に活動する隊員および強制収容所を監視する髑髏部隊と、親衛隊特務部隊とを区別していた。

非政治的兵士か

軍事的能力に優れ、イデオロギー教育を受けた指揮官を養成するため、ヒムラーは一九三四、三五年にバート・テルツとブラウンシュヴァイクに士官学校を設立した。ここで第二次世界大戦開戦までに七〇〇名以上の若い親衛隊将校が教育を受け、半数ほどが特務部隊で勤務を始める一方、そのほかは親衛隊大戦区および親衛隊戦区の司令部、急速に拡大しつつあるベルリンの親衛隊各本部組織、そして強制収容所で勤務した。

第二次世界大戦後、武装親衛隊員の多くが、国防軍兵士と同様に自分たちは非政治的で清廉潔白だったと語るが、親衛隊のさまざまな下部組織には、はっきりした区別がまったくなく、どれもが非政治的でも清廉潔白でもなかったと証明されている。

ヒムラーはパウル・ハウサーを、ブラウンシュヴァイクの士官学校長と、一九三六年一〇月には全特務部隊の総監に任命した。ディートリヒと並ぶ武装親衛隊の中心人物である。ハウサーは一九四五年までに、ディートリヒと同様親衛隊上級大将に昇進したが、彼と違い軍事の専門家だった。

一八八〇年プロイセン陸軍少佐の息子に生まれたハウサーは士官学校に入り、すでに第一次世界大戦前、帝国陸軍参謀本部所属の大尉になっていた。一九一八年の敗戦後、戦友の多くとは異なり、ヴァイマル共和国で縮小された国防軍に勤務し、規程どおりに一九三二年、五一歳のときに陸軍中将で退役した。

ナチ運動と接触したのは、骨の髄まで保守的な国防団体、鉄兜団を通じてである。一九三三年に突撃隊に入り、三四年末にはヒムラーに引き抜かれて親衛隊に移った。ヒムラーがハウサーの軍事に関する知識と経験を武装親衛隊の建設に活用する一方、ハウサーは親衛隊に軍人生活を続けるチャンスを見出していた。彼のナチ入党とヒムラーへの心服を吐露した多くの書状は、ハウサー自身の主張とは正反対に、彼が非政治的人物ではまったくなかったことを示している。

パウル・ハウサー

親衛隊の二つの武装下部組織、テーオドーア・アイケの髑髏部隊とハウサーの特務部隊は一九三八、三九年、国防軍とともに対外軍事行動に参加した。オーストリア、ズデーテン地方、ボヘミア・モラヴィア（ベーメン・メーレン）保護領の併合である。

一九三九年九月から一〇月にかけてのポーランド戦では、連隊規模で国防軍戦闘部隊の指揮下に入ったが、芳しくない戦い振りだった。第八軍司令官ヨハネス・ブラスコヴィッツ将軍は、とくにエリートとされていた親衛連隊を「並みの部隊、未経験で、非凡な点はない」と評している。

しかし、ヒトラーとヒムラーには、親衛隊武装部隊の拡大を強行するにはこの評価で十分だった。一九三九年秋以降、特務部隊員、警察官、髑髏部隊員からなる武装親衛隊の独立師団が設立されていく。強制収容所監視の任務は、一般親衛隊の古参隊員が髑髏部隊から引き継いだ。

ヒムラーは、武装親衛隊の下に全親衛隊武装部隊を統合せよと命じたが、この統合は名目にとどまらず、とりわけ親衛隊の部隊相互の人事異動に見られる。武装親衛隊員のうち六万名は、少なくとも短期間強制収容所で勤務している。一九四四年時点で、階級が少佐以上の全武装親衛隊上級将校の三分の二ほどは一般親衛隊出身であり、少なくとも武装親衛隊の将校団は親衛隊の中核だった。

隊員募集の強行

だが、第二次世界大戦前の親衛隊員の半数以上が移ったのは武装親衛隊ではない。終戦までに親衛隊員一二万名が国防軍に召集されていた。

さらに、ドイツの武装親衛隊研究の大家ベルント・ヴェークナー*4が確認したように、「親衛連隊」「髑髏部隊」「帝国《ダス・ライヒ》」「警察部隊」と名付けられた最初の親衛隊四個師団の設立によって、一般親衛隊の予備人員が底をついたので、ヒムラーと補充局長ゴットローブ・ベルガーは、終戦までにさらに親衛隊三四個師団をつくり出すため、新兵募集の新たな方策を見つけなくてはならなかった。

強力な宣伝活動のおかげで、一九四〇年だけで若いドイツ人七万二〇〇〇名を志願兵として、「総統の」エリート部隊とされた武装親衛隊に加入させることができたが、すでに動員は限界に近く、戦争への熱狂が収まりつつあったため、すぐに困難に陥っている。

一九四一年には志願者数が四万四〇〇〇名まで減少したので、採用基準を緩和する。たとえば、視力に障害があっても、四ジオプトリー（焦点距離二五センチメートル）まで なら採用した。親衛隊に適した最低身長は、一九四三年以降には、一六六センチメートルになった。

さらに、補充局長ベルガーが一九四三年一〇月のヒムラー宛極秘書簡で認めているよ

民族ドイツ人の親衛隊，1943年　ボスニアで編制されたムスリムによる第13武装山岳師団

うに、募集にあたっては「暴力行為」に及ぶこともあった。法的根拠もなく徴兵検査に呼びつけ、ヒトラー・ユーゲントと労働奉仕団の宿舎では、若者たちに組織的な圧力を加えていた。一九四四年七月にヒムラーが、国内予備軍司令官に任命されると、ついに自発的志願という見せかけは完全に放棄された。敗戦前の数ヵ月間で、一九二七、二八年生まれの若いドイツ人一五万名が武装親衛隊に強制召集されている。

　一九三九年以降のドイツ拡大の結果、ポーランド、バルカン諸国、あるいはアルザスのいわゆる民族ドイツ人も親衛隊の徴兵活動の対象になった。彼らも徹底的に訓練され、一部は正式に武装親衛隊に入った。だが、彼らだけでは親衛隊部隊の拡大には追いつかなかった。

「総統、もう人がいませんとは言えない」というヒムラーの言葉に忠実に、一九四〇年以降は外国人も受け入れた。

スカンジナヴィア諸国、ベネルクス諸国、フランスの出身者は「ゲルマン系志願兵」として、親衛隊の人種主義にある程度適応していた。だが、エストニア人、ラトヴィア人、リトアニア人、ウクライナ人、ベラルーシ人、ハンガリー人、クロアチア人、ボスニアのイスラーム教徒の募集に際しては、人種主義に基づいた主張はできなかった。

第二次世界大戦中、最終的に武装親衛隊で勤務した九〇万名のうち、ほぼ半数の出自はドイツではない。武装親衛隊は、自らのイデオロギーと完全に矛盾した多民族軍だった。親衛隊のプロパガンダは、ヨーロッパ論や反ボリシェヴィズムのレトリックを使って、この「欠点」を何とかごまかしていた。

実　力——国防軍と何が違ったか

武装親衛隊が軍事上どれほど重要だったかを評価するには、まず、その兵力を国防軍と比較する必要がある。

第二次世界大戦開戦時に、国防軍に動員されていたドイツ人男性は約四五〇万名、一九四〇年五月の対仏開戦時に五六〇万名、四一年六月の「バルバロッサ作戦」、すなわち対ソ開戦時に七一〇万名、四三年に九〇〇万名である。

対して、武装親衛隊の現役部隊の戦力が三七万名を超えることはなかった。国防軍の四％強にすぎない。数の上では戦争遂行にそれほど重要だったとは言えない。武装親衛隊のドイツ人隊員の半数以上が、ヒムラーの軍隊での勤務によって国防軍への召集を免れたにしても、大した問題ではなかった。

武装親衛隊の質的価値、つまりは戦闘能力について答えるのは難しい。さまざまな見解があるが、いまだに議論の余地がある。

一九四〇年四月、国防軍将官フェードア・フォン・ボック[*5]は、武装親衛隊の髑髏師団視察後、批判的に、かつ皮肉を込めて「戦闘訓練は（中略）不十分だ。大量の血が流れるだろう！　素晴らしい人的資源なのに気の毒なことだ！」と評している。また、直後の対仏戦で軍事訓練の足りない多くの親衛隊指揮官の向こうみずなやり方のせいで、不必要に多くの武装親衛隊員が戦死したとき、アイケが「損失は問題ではない！」と虚勢を張ったため、国防軍将官エーリヒ・ヘプナーはアイケを「殺戮者」と軽蔑するようになったという。

他方、凝った戦術より正面攻撃を志向した武装親衛隊部隊に、多くの人々が魅了されたことも事実だ。一九四一年四、五月のバルカン戦役の際にゲッベルスは、武装親衛隊の「果敢な行為」について、また国防軍将官エーバーハルト・フォン・マッケンゼンは一九四一年夏から秋にかけての対ソ戦の際に、親衛連隊の「猪突猛進」を称讃したほどだった。

　武装親衛隊の戦闘の歴史には、一九四一年フィンランドでの親衛隊戦闘団ノルトの壊滅のような軍事的敗北[*6]もあるが、大きな戦果もあった。

　アイケの髑髏師団は一九四二年二月から四月にかけての、ロシアのデミャンスク包囲戦に功績があり、ヒトラーはデミャンスク盾章を授与して称えている。スターリングラードでの壊滅的敗北後の一九四三年三月、ロシア第四の都市ハリコフ〔現ウクライナのハルキウ〕再占領の際には、親衛連隊が親衛隊師団「帝国《ダス・ライヒ》」とともに進軍した。親衛隊師団ヴィーキングは一九四四年二月、チェルカシで包囲されたドイツ兵約三万六〇〇〇名の救出に協力した。ヴィルヘルム・ビトリヒ大将指揮下の親衛隊部隊が一九四四年九月、英国空挺部隊に対して収めた勝利は、ハリウッドの戦争映画『遠すぎた橋』(*A Bridge Too Far*)により不朽のものとなっている。

　もっともこれらの勝利は、まずはナチのプロパガンダによって、第二次世界大戦後は多くの元武装親衛隊員が美化した思い出によって、個々の親衛隊員の英雄物語と同様に大きく扱われがちだ。

たとえば、ミヒャエル・ヴィットマンの話である。一九一四年オーバープファルツの農家に生まれ、三七年以来親衛連隊に所属、四一年以降は戦車兵を務め、四四年八月に戦死したヴィットマンは、敵戦車一三八台を撃滅したことになっている。だが、大規模な戦車戦のなか誰が誰と対決したかを確定するのはほぼ不可能だ。

また、武装親衛隊特務部隊将校オットー・スコルツェニーは一九四三年九月一二日、イタリアで捕われていたベニト・ムッソリーニを解放し、ヒトラーから騎士十字章を授与されたが、これにも大いに議論の余地がある。

第三帝国の軍事エリートだったか

仔細に見れば、武装親衛隊を第三帝国の軍事エリートと見なす評価には、明らかに三つの疑問がある。

第一に、親衛連隊や髑髏師団のような代表的な部隊と、多くの普通の武装親衛隊部隊を、明確に区別しなければならない。代表的な部隊は、国防軍のエリート部隊と同じく最良の新兵をあてがわれ、損失は迅速に補充され、機械化と武装の面で優遇されていた。

だが普通の武装親衛隊部隊は、ユーゴスラヴィアのパルチザン戦争に投入された親衛隊山岳師団プリンツ・オイゲンの例に見られるように、隊員の質が悪く、敵から鹵獲《ろかく》した武器のみの装備だったこともある。

第二に、武装親衛隊が成果をあげたのは、一九四一年の戦局転換後であり、対ソ電撃戦が挫折し米国が参戦し、ドイツの最終勝利は不可能だと明らかになった時期である。武装親衛隊のあらゆる「英雄行為」は、軍事上見込みのない戦争を長引かせただけだった。

第三に、武装親衛隊は国防軍より頻繁に戦闘に投入され、国防軍より犠牲が大きかったとの主張があるが、実際には両者の平均損失率は似たようなものだった。武装親衛隊が国防軍より多くの犠牲を払ったのは、一九四四、四五年の最終段階においてのみである。たとえば、一九四四年一二月のドイツのアルデンヌ攻勢であり、親衛隊大将カール・プフェッファー・フォン・ヴィルデンブルッフ指揮下で四五年二月まで続いた対赤軍ブダペスト防衛戦である。

たしかに、ヒトラーが一九四五年四月、ベルリンの行政地区防衛を親衛隊指揮官ヴィルヘルム・モーンケに任せたのは偶然ではない。武装親衛隊の無条件に戦い抜こうという意志は、たとえばアイケの「耐えよ、さもなくば死ね！」というデミャンスク包囲戦での命令に示されている。国防軍以上にイデオロギーが浸透していたことの表れである。部隊新設の際には、信頼できる古参親衛隊員を意図的に教育係とすることでそれは保証された。彼らは新兵を親衛隊精神に適応させようとしたからだ。そのうえ中央の親衛隊訓練局は、武装親衛隊全部隊を組織的に教化しようとしていた。

武装親衛隊がドイツ敗北に直面しながらも特別の戦闘精神を示したのは、「ヒトラーの戦士たち」が持つ本来の特質からも、戦闘が「一連の絶え間ない暴力犯罪」（イエンス・ヴェステマイヤー）[*7]だったからだ。武装親衛隊員は、ドイツが敗北すれば、戦勝国に復讐されるだろうと正しく認識していた。

犯罪的な性格

ここからは西欧および南欧での三つの事例により、武装親衛隊の格別に犯罪的な性格を提示しよう。東欧では武装親衛隊だけでなく国防軍も残虐な絶滅戦争を遂行していたからだ。

親衛隊中尉フリッツ・クネッヒライン指揮下の髑髏師団隊員は、一九四〇年五月二七日、ダンケルク方面に出撃し激闘する。彼らはフランスのル・パラディで降伏した英国兵九九名を機関銃二丁で殺害した。弾丸を浴びたあとも動いていた者は、銃剣と至近距離からの銃弾で殺している。

オラドゥール・シュル・グラヌの教会　女性と子どもたちを閉じ込め殺害した．いまも保存されている

一九四三年九月一九日、イタリア北西部ピエモンテのボーヴェスで、解散しようとしていたイタリア兵が、車のスペアパーツを「整理」、すなわち盗もうとしていたアドルフ・ヒトラー親衛連隊の機甲歩兵二名を逮捕した。この侮辱への報復として、ヨッヘン・パイパー少佐指揮下の親衛隊員およそ八〇名はボーヴェスに侵入し、住民二四名を殺害し村を焼き払った。[*8]この行動は、直前にロシアでパイパーの部隊が行った方法とほぼ同じである。彼らはその手法ゆえに「トーチランプ大隊」と呼ばれた。

親衛隊戦車師団「帝国《ダス・ライヒ》」が一九四四年六月初め、

連合軍の侵攻を食い止めようとノルマンディー方面へ進撃した。その際、親衛隊部隊がフランス・レジスタンスに繰り返し襲撃されたため、親衛隊少佐アドルフ・ディークマンはオラドゥール・シュル・グラヌの住民を残酷な見せしめにする。約一二〇名の武装親衛隊員が村に侵入し、女性と子どもから男性を強引に引き離して銃殺し、女性と子どもたちを押し込めた教会を爆薬と手榴弾で爆破した。殺害された総数六四二名のうち、女性が二四五名、子どもが二〇七名だった。その後、村は徹底的に焼き払われた。

これらの事例から、武装親衛隊の行動の特質がはっきりわかる。多くの武装親衛隊員は、激しい抵抗と多大の損害に対して、いっそう苛酷な暴力で対抗し、捕虜を冷酷に殺害する。敵を捕えられない場合には、民間人で血の渇きを癒す。武装親衛隊部隊は、第二次世界大戦中に投入されたあらゆる場所で、国防軍よりはるかに多くの戦争犯罪を犯した。ただし、この事実は、約九〇万名いた隊員のそれぞれが実際に戦争犯罪人になったことを意味するわけではない。

2 ナチ人種妄想の現実化——東部総合計画と独ソ戦

ポーランドでの「人種戦争」

一九三九年九月一日にヒトラーが始めた第二次世界大戦は、通常の戦争ではない。それは「人種戦争」であり、「生存圏」の占有だけでなく、容赦ない「ゲルマン化」を目的としていた。

ナチによれば、共産主義および西欧自由主義という世界観との闘争と並んで、「抹殺すべき敵」ユダヤ人や「劣等人種」スラヴ人との戦いが目前にあり、「アーリア人種」の生き残り、あるいは「大ゲルマン帝国か無か」ほど重要なものはなかった。そして、「人種戦争」遂行を指令していたのは、例外なく親衛隊の面々だった。

国防軍と武装親衛隊が一九三九年九月にポーランドを急襲した際、保安警察と保安部（SD）のいわゆる行動部隊の七部隊が、そのあとを進軍した。それらには親衛隊将校ブルーノ・シュトレッケンバッハ、エマヌエル・シェーファー、ハンス・フィッシャー、ロータル・ボイテル、エルンスト・ダムツォーク、ウド・フォン・ヴォイルシュ、エーリヒ・ナウマン指揮下の約二七〇〇名が所属していた。

国防軍指導部と合意した彼らの公式の任務は、「敵地において戦闘部隊の背後で活動するあらゆる反独分子との戦い」だった。このような行動部隊は、新たな占領地域の治安維持のため、すでにオーストリア、ズデーテン地方、ボヘミア・モラヴィアにも送られていた。

しかし、ヒムラー、ハイドリヒ、ベストに、無条件で厳格に振る舞うと誓っていた親衛隊員は、ポーランド戦線の背後で前例のないほど容赦なく任務を遂行した。彼らを駆り立てたのは、ドイツの奇襲後、ポーランド内の少数民族である「民族ドイツ人」がいわゆるポグロムの犠牲になったことである。たとえば、一九三九年九月三日には「ブロンベルク（ブィドゴシュチュ）の血の日曜日」と呼ばれる自然発生の集団暴力に民族ドイツ人がさらされた。ただし、ナチのプロパガンダが犠牲者五万八〇〇〇名と大袈裟に喧伝したのと違って、実際には一〇〇〇名ほどだった。

ポーランドでの大虐殺にあたり、親衛隊行動部隊にとってやみくもな報復以上に何が重要だったかを、犠牲者の人選が示している。親衛隊行動部隊員は一九三九年末までに、親衛隊将校ルドルフ・フォン・アルフェンスレーベンがヒムラーの委任で組織した「民族ドイツ人自衛団」の助けを借りて、六万名を超えるポーランドの知識階級、つまり学術、経済、政治指導層を意図的に殺害した。

殺害された人々の多くは、ポーランド西部の新設の「国家大管区」ヴァルテガウやダンツィヒ・西プロイセンないし、既存の大管区シュレージエンと東プロイセンを拡張して「ドイツ化」することになっていた地域の出身である。この殺害作戦はいわばポーランド民族の頭を切り落とし、ドイツによる奴隷化と抑圧の準備を目的としていた。

占領下ポーランドでの親衛隊行動部隊による処刑，1939年10月20日

国防軍は親衛隊行動部隊の虐殺を非難した。ポーランド人を抵抗側に追いやるだけだと恐れたためである。ヨハネス・ブラスコヴィッツ将軍は、親衛隊はポーランドで「獣じみた、病的な本能」を解放してよいのかと苦言を呈し、「テロによるポーランド民族の抑圧」は「必ず誤りだと証明される」と批判した。

国防軍の将軍は、行動部隊司令官ウド・フォン・ヴォイルシュを軍法会議にかけて、親衛隊の殺戮を阻止しようとした。だが、ヒトラーの返答は明確だった。一九三九年一〇月四日、ヒトラーはポーランド戦役中に犯されたすべての犯罪行為に恩赦を与え、一七日には親衛隊に独自の親衛隊・警察裁判権を認めたからだ。

ヒムラー配下の虐殺者たちは、一九四五年まで通常の軍法会議にかけられずにすんだ。ヒトラーは、親衛隊が戦線の背後で何をしているか熟知し、それを承認してもいた。

「耕地整理」の開始

一九三九年一〇月七日、ヒムラーは「ドイツ民族強化全権」、つまり征服した「生存圏」を「ゲルマン化」する責任者に任命された。この目標のため、二つの方法が採用された。第一に当該地域からの「ドイツ人化が不可能な」「異民族」の、それゆえ「人種上好ましくない」人々の追放、第二に「民族ドイツ人」の入植である。

ヒムラーは、これらの任務遂行を二つの部署に任せた。一つは一九三五年設置の在外ドイツ民族センター、もう一つは新たに設けられたドイツ民族強化全権本部だった。在外ドイツ民族センターは、もともとは外国籍のドイツ人と連絡をとるためのナチ組織で、一九三七年から親衛隊大将ヴェルナー・ロレンツがトップを務めていた。新設のドイツ民族強化全権本部長には、大将に昇進したウルリヒ・グライフェルトが就いた。

「人種選別」を担当したのは、親衛隊人種・植民本部の専門家たちである。一九三四年以来、親衛隊人種・植民本部は、親衛隊の徴兵検査で経験を積み、五〇〇名ほどの職員を抱えていた。

一九三九年から四〇年にかけて、ドイツが併合したポーランド西部地域では、「民族至上主義に基づく耕地整理」が始まった。ポズナニ〔ドイツ語ではポーゼン（以下同）〕、ウーチ〔リッツマンシュタット〕、グディニャ〔ゴーテンハーフェン〕、カトヴィツェ〔カトヴィッツ〕には、いわゆる出国者本部と入国者本部が設置された。

出国者本部は、ハンス・フランクが支配するポーランド中部の総督領への移送、あるいは強制労働のためのドイツへの連行によって、約一〇〇万名のポーランド人を追放する。

入国者本部は民族ドイツ人を受け入れた。彼らは主に一九三九年九月二八日に締結された独ソ境界・友好条約により、とりわけロシアに占領されたポーランド東部、バルト諸国、ベッサラビア、ヴォルイーニ、ブコヴィナから連れ戻された人々である。

東部総合計画

一九三九年の秋、ヒムラーは即刻始めた「民族浄化」と並行し、占領東部地域再編の企画を命じた。この企画には、グライフェルトのドイツ民族強化全権本部とともにハイ

コンラート・マイヤー

ドリヒの保安本部が関与する。また、「ヒムラーによって個人的に任命された親衛隊帝国領域計画指導者」にはコンラート・マイヤーが就いた。

マイヤーは一九〇一年ニーダーザクセンに生まれ、三二年ナチ党に、三三年に親衛隊に入り、第三帝国のなかで目を見張るアカデミックな経歴を築いた人物である。一九三四年からはベルリン大学で農業制度と農業政策を教え、並行して教育省、農民協議会、ドイツ研究共同体で働いた。一九三七年からは地域研究共同体の指導を始める。マイヤーの親衛隊帝国領域計画本部は、ベルリンのポドビールスキー通りに立つ邸宅に置かれた。

マイヤーはここで東部総合計画を立案し、数十万平方キロメートルにわたる土地の使い道と何百万もの人々の運命を決定する。彼の計画は、ドイツの戦果、とりわけ一九四一年六月二二日のソ連侵攻後に獲得した広大な土地、そして、より過激な解決を迫るヒムラーによって、幾度か変更を余儀なくされる。

マイヤーとその競争相手である保安本部の構想は誇大妄想と言えるものだった。占領下のポーランド西部地域と総督領全域およびバルト諸国は、二〇〜三〇年のうちに、完全に「ドイツ化」されるとしていた。ベラルーシ、ウクライナ、ロシアには、「ゴーテンガウ」「インガーマンラント」のような空想的な名称を付け、巨大なドイツの「辺境入植地」と無数の植民拠点を設けることになった。

「ドイツ化が可能」とされたこれらの地域には住民が六〇〇〇万名いたが、マイヤーの計画によればさらに四五〇〇万名ほどの「民族ドイツ人」の入植者が加わることになっていた。彼らのために場所を空けるには、三一〇〇万を超えるスラヴ人を彼らの故地から情け容赦なく追い出す必要があった。マイヤーの計画では、総計約七〇〇万平方キロメートルの土地が「ゲルマン化」される予定だったが、一九三八年段階のドイツの面積は、五八万三〇〇〇平方キロメートルにすぎなかった。

一九四二年以降、戦況が悪化すると、併合したポーランド西部地域のような大規模な実践はできなかったが、強制移住は続いていた。一九三九年から四〇年にかけて、ソ連に占領されたことにより故郷から離れざるを得なかったドイツ系リトアニア人およそ一万七〇〇〇名が送り返された。また、入植地をつくり出すために、親衛隊はルブリンに近いザーモシチ郡からポーランド人一〇万名を追放した。同様のことは、ジトーミル周辺のウクライナ人およそ一万八〇〇〇名にも実行されている。追放後の同地とウクライナ南部のクリミア半島には、第一陣としてドイツ系ルーマニア人が入植した。

東部総合計画は明らかにコンラート・マイヤーの単なる妄想以上のものであり、ドイツが「最終勝利」を収めた際に、中欧と東欧の人々を待ち受ける事態を予測させるものだった。

「ユダヤ人問題の解決」を目指して

親衛隊員たちは、東方征服地の「ゲルマン化」以上に、支配地域からの「ユダヤ人一掃」に力を注いだ。それは、スラヴ人に対するのと同様、一九四〇年まではユダヤ人の大量追放を意味していた。すでに一九三七年末までに、約一二万七〇〇〇名のユダヤ人が、就業や婚姻の禁止、社会生活からの排除、突撃隊と親衛隊による頻繁な暴行など、ナチの嫌がらせが強まるのを感じ、ドイツを去っていた。

一九三八年のオーストリア併合後には、数週間にわたって未曾有の暴力と侮辱の波がオーストリアのユダヤ人を襲った。突撃隊に強いられて、歯ブラシでウィーンの道路を掃除するユダヤ人男性の写真は、見た人の記憶に焼き付いているだろう。

アドルフ・アイヒマン

親衛隊でも悪名高い人物は、最初はウィーンで評判になった。アドルフ・アイヒマンである。一九〇六年にゾーリンゲンで生まれ、一四年家族とともにオーストリアのリンツに転居した。一九二〇年代に学校を中退し、転職を繰り返したのちの彼は「人生の敗北者」（ハンス・ザフリアン）[*9]になっていた。一九三二年、オーストリアのナチと親衛隊に入ったが、熱烈な反ユダヤ主義者だったアイヒマンは第三帝国へ亡命後、ヘブライ語の知識の乏しい「ユダヤ人専門家」としてハイドリヒの保安部に雇われた。

一九三八年三月のオーストリア併合直後、アイヒマンはウィーンに「ユダヤ人出国中央本部」を設立し、国外移住するユダヤ人に財産提供を強要する方法の組織化で大きな成果をあげた。翌一九三九年にはハイドリヒは、ベルリンに新設された「ユダヤ人出国全国センター」および国家保安本部第四局（ゲスターポ）所属の「ユダヤ人問題課」を彼の指揮下に置いた。

だが、ポーランド西部を獲得後、一七〇万を下らないユダヤ人がドイツの支配下に入り、「ユダヤ人問題」の解決は、ナチにとってまったく新しい緊急課題となった。併合したポーランド西部地域の大管区指導者、ヨーゼフ・ヴァーグナー、アルトゥア・グライザー、アルベルト・フォルスター、エーリヒ・コッホは、自分たちの管轄地域における迅速な「非ユダヤ化」を要求した。

「ユダヤ人居留地」が実際どこに設置されるか、事前に明確になっていなかったにもかかわらず、総督領に向けたユダヤ人の最初の移送は、予告なく一九三九年一〇月に開始された。目的地、たとえばルブリン近くのニスコではたちまち混乱が生じ、一九四〇年初めには総督ハンス・フランクの要求により一時的な移送停止が認められたほどだった。

一九四〇年以降、ドイツ占領当局はユダヤ人をほかの住民から隔離するため、併合地域と総督領に数多くのゲットーを設置した。ウーチには一五万以上、ワルシャワには五〇万のユダヤ人が押し込められ、強制労働に従事させられた。人であふれたゲットーの衛生状態は筆舌に尽くしがたく、伝染病が急速に蔓延した。

一九四〇年五、六月の対仏勝利後、ヒトラー、ヒムラー、ハイドリヒは、ヨーロッパ・ユダヤ人をフランス植民地のマダガスカルに追放して親衛隊の監視下に置くことを考え、保安本部と外務省は計画を立案しようとしていた。一九三八年二月にヨアヒム・

フォン・リッベントロップが外相に就いてから、外務省では親衛隊の影響力が強まっていた。しかし、英国を屈服させ、その海上支配を打破することができないとわかると、ユダヤ人を移住させる「マダガスカル計画」は空想にとどまった。

第二次世界大戦勃発から一年を経て、「ユダヤ人問題」が以前よりはるかに巨大化している事実に、ナチの間では欲求不満が高まりつつあった。一九四〇年一一月、または一二月、ヒトラーはゲーリングを介して、ハイドリヒに包括的な「ユダヤ人問題の最終解決」に着手するよう口頭で命じた。ゲーリングは一九四一年七月、この命令を文書にして裏付けた。

東部戦線でのユダヤ人大量射殺

ドイツがソ連に侵攻を開始し数週間が過ぎると、ユダヤ人二五〇万名が新たにドイツの支配下に入った。ハイドリヒと部下たちは、言葉にされていた以上の想像を超える過激さを発揮して「ユダヤ人問題」に取り組んだ。親衛隊を駆り立てたのは、一九三九年一月三〇日の国会でヒトラーが表明した、次の世界戦争では「ヨーロッパのユダヤ人種は根絶」されるだろうという威嚇《いかく》だった。

ドイツ軍のソ連侵攻後、ポーランド東部、バルト諸国、ベラルーシ、ウクライナの占領地域はヒムラーの親衛隊帝国に編入され、ポーランド戦のときと同様、先述した親衛隊行動部隊が戦線のすぐ後ろを進軍した。具体的には以下の通りである。

親衛隊将校フランツ・ヴァルナー・シュターレッカー（バルト諸国担当の行動部隊A）、アルトゥア・ネーベ（ベラルーシ担当の行動部隊B）、オットー・ラッシュ（ウクライナ担当の行動部隊C）、オットー・オーレンドルフ（黒海地域担当の行動部隊D）の指揮下に置かれ、兵員数およそ三二〇〇名の保安部と保安警察で構成される四つの行動部隊。

クルト・クノープラウホ指揮下の「ヒムラー特別司令部」に所属する、兵員合わせておよそ一万八〇〇〇名の親衛隊歩兵二個旅団と親衛隊騎兵一個旅団。

そして、占領東部地域担当の親衛隊・警察高権指導者、ハンス＝アドルフ・プリュッツマン、エーリヒ・フォン・デム・バッハ＝ツェレフスキ、フリードリヒ・イエッケルン指揮下の兵員総勢およそ一万二〇〇〇の秩序警察の二四個大隊である。

一九四一年の春、独ソ戦の準備過程で親衛隊指導部が隊員たちに何を命じたか、正確なところはもはやわからない。たしかなのは、侵攻と同時に大勢のユダヤ人男性、そのあとにはユダヤ人女性と子どもの射殺を始めたことである。

ユダヤ人男性の場合は、略奪者、パルチザンなどの排除だと言い逃れができたが、ユダヤ人女性や子どもの殺害は、のちの世代がユダヤ人という「抹殺すべき敵」とこれ以上戦わずにすむように、いま「問題を片付けなければならない」（一九四二年六月九日のヒムラーの演説）という倒錯した親衛隊論理に依拠しており、残虐な殺人は、未来の復讐の予防として正当化されていた。もっとも、これらの犯罪こそが未来の復讐者を生み出すことになるのだが。

こうしたユダヤ人の大量殺戮は、ドイツ社会に深く根ざした一種の「根絶を目指す反ユダヤ主義」（ダニエル・ジョナ・ゴールドハーゲン）[*10]に基づくものなのか、あるいは同調圧力、無神経化・野蛮化の影響、権威への隷従によって行ったのか、依然として議論の余地がある。

明らかなのは次の二つである。第一に、親衛隊行動部隊に所属した多くの古参隊員で強制収容所勤務経験者は、保安本部出身で行動部隊を指揮する過激で高学歴の「世界観の実行者」や、警察大隊に所属する多くの比較的「普通の人々」（クリストファー・ブラウニング）[*11]と同様、躊躇《ちゅうちょ》なく殺人を犯した。第二に、親衛隊員たちは直接「命令遂行の義務」を課されてはいなかった。実際、射殺への参加を拒否した者もいた。たしかに拒

親衛隊行動部隊によるユダヤ人虐殺，1942年　ウクライナのヴィーンヌィツャ

否した者は戦友から無視され、上官から厳しく扱われることもあったが、銃殺刑にも強制収容所送りにもならなかった。

親衛隊の殺人者たちの行動は単純で残酷だった。

第三〇九警察大隊の隊員はポーランド東部の町ビヤウィストクで、ユダヤ人およそ二〇〇〇名を追い立て、さんざん殴りつけ、髭に火をつけ放尿した。また、公園では大量射殺が始まった。さらに、ドイツ秩序警察官が七〇〇名ほどのユダヤ人を閉じ込めた大シナゴーグをガソリンと手榴弾で焼き払った。

親衛隊騎兵旅団の隊員は、一九四一年七月二七日から九月二九日にかけて、ベラルーシのプリピャチ湿原を掃討した。「全ユダヤ人男性を射殺せよ。ユダヤ人女性は沼沢地に追い込め」という命令に従い、ユダヤ人約三万五〇〇〇名を殺害した。

パウル・ブローベル指揮下の行動部隊Ｃ所属第四ａ特別行動隊の隊員は、一九四一年九月二九日に第四五および第三一四警察大隊の隊員とともに、三万三〇〇〇名を超えるキーウのユダヤ人を近くのバビ・ヤール渓谷に追い込み、三六時間休みなく射殺を続けた。そのあと国防軍の工兵が谷の縁を爆破し、遺体を埋めようとした。リュドミラ・ポリシュチュク[*12]の事例のように、生存者が遺体の山から脱出し、この想像もつかない犯罪行為を世界に伝えることもあったが。

他方で、親衛隊員たちは、どこでも地元住民をユダヤ人殺害に駆り立てた。地元住民によるポグロムは六〇件以上にのぼり、一万二〇〇〇名が犠牲になっている。

親衛隊の犯罪者たちは、東部戦線の背後で、国防軍と武装親衛隊の部隊、そして地元の対独協力者との協働で、一九四一年末までに五〇万から八〇万名のユダヤ人を殺害した。

3　ユダヤ人大量殺戮の凶行——ガス殺、絶滅収容所へ

殺害方法の模索と「T4作戦」

この血塗《ちまみ》れの戦争は、ヒムラーの殺戮者たちの戦い方に影響を及ぼしていく。アルコールの濫用《らんよう》と過度のサディズムに関する苦情が、神経衰弱、胃潰瘍、そのほかの心身症の訴えの数と同様に増加したからだ。ロシア中部地域の親衛隊・警察高権指導者エーリヒ・フォン・デム・バッハ＝ツェレフスキは、ミンスクで処刑を検分したヒムラーに次のような苦情を述べている。「隊員の目をご覧ください、どんなに強くショックを受けていることか！　彼らの人生は終わってしまいました。これで育成される部下とはどんなものか。神経病者か荒くれ者でしょう！」

一九四二年三月、フォン・デム・バッハ自身が心を病み、親衛隊医師エルンスト＝ローベルト・グラーヴィッツの治療を受けなくてはならなかった。医師はフォン・デム・バッハについて、「身体的、神経的、精神的にひどく消耗しており」、彼の弱さは親衛隊が理想とする無条件の厳しさにふさわしくないことから、「ある種の劣等感」を抱いて

いると診断した。フォン・デム・バッハはなおも慢性胃腸炎に苦しんだが、親衛隊で信頼に値する存在だと示すために、まもなくロシア戦線に復帰する。

ヒムラーとハイドリヒは一九四一年、殺戮者の重荷にならない殺害方法を模索していた。その際に参考にしたのが、一九三九年の秋以来、世界大戦の陰に隠れてドイツ本国で行われていたナチのもう一つの大量殺害プロジェクトである。

一九三九年一〇月、ヒトラーは侍医カール・ブラント（一九三四年七月親衛隊入隊）と総統官房長フィリップ・ブーラー（一九三三年四月親衛隊入隊）に、「決定権を持つ医師に、治る見込みがほぼない病人を安楽死させる権限を与えるよう」委任した。ブーラー、ブラント、プロジェクト・マネージャーの役割を果たしたヴィクトル・ブラック（一九二九年親衛隊入隊）は、ベルリンのティアガルテン通り四番地にこのプロジェクトの本部を置いた。そのため患者の組織的殺害は同地にちなんで「T４作戦」と名付けられる。

T４のスタッフは、国中の障害者用の施設と病院を捜索し、「余計者」「無駄飯食い」として民族の重荷になると見なした人々を選び出した。約七万名の成人犠牲者が、一九四一年八月までにブランデンブルク・アン・デア・ハーフェル、グラーフェンエック、ピルナ近郊のゾンネンシュタイン城、ベルンブルク・アン・デア・ザーレ、ハダマー、ハルトハイムの六施設に移送され、ガス室で一酸化炭素により殺害された。障害児およそ五〇〇〇名は、ドイツ中に分散した三〇の「児童専用施設」に連行され毒殺された。

その後、ヒトラーは教会関係者の抗議でT4作戦を打ち切ったが、病人の殺害は内密に続けられた。ドイツの敗戦までに総計一九万名の患者、つまりドイツにおける施設の全収容者の約半数がナチによる「淘汰」の犠牲となった。

ガス殺の開始

保安本部の技術責任者、親衛隊少佐ヴァルター・ラウフは、T4の方法をロシアで活動中の親衛隊殺人部隊が応用できるようにした。一九四一年末から、ラウフはベルリンのガウプシャット社につくらせたガス・トラック三〇台を使ったユダヤ人殺戮に着手し、排気ガスによる犠牲者は五〇万名に及んだ。

このようにベルリンで殺害方法が「改良」されつつある一方、親衛隊、警察部隊は大量射殺を続けていた。ウクライナとベラルーシでは、一九四二、四三年だけで新たに数十万のユダヤ人がその犠牲になった。

一九四一年末以降、ヴァルテガウと総督領には、現地主導で新しい殺人施設が設置されていった。親衛隊が運営する常設の絶滅収容所である。ヘルベルト・ランゲ指揮下の親衛隊特別行動隊は一九四一年一二月、大管区指導者アルトゥア・グライザーと申し合わせて、この目的でヴァルテガウのヘウムノ（クルムホーフ）に絶滅収容所を設立した。以前、ポーランドの精神病者を殺害した部隊である。

列車で到着したヴァルテガウのユダヤ人は、駅からトラックで「城」へ運ばれた。特別行動隊の親衛隊員は、シラミの駆除という口実で彼らの服を脱がせた。続いて、ユダヤ人は傾斜路を通ってガス・トラックに追い込まれた。ガス殺後、遺体は巨大な穴に運ばれ埋められた。こうして一九四五年までにヘウムノでは、一五万名の犠牲者が恐ろしい最期を迎えた。

オディロ・グロボチュニクと「ラインハルト作戦」

さらに、三つの絶滅収容所、すなわちベウジェツ、ルブリンに近いソビブル、ワルシャワ北東のトレブリンカの建設を主導したのが、オディロ・グロボチュニクである。彼は純粋に数字上では親衛隊の最大の殺人者だった。

親衛隊の仲間に「グローブス」と呼ばれていたグロボチュニクは、一九〇四年に当時まだハプスブルク帝国領だったトリエステに郵便局員の息子として生まれた。一九一八年に家族とともにクラーゲンフルトに転居し、そこで二三年、オーストリアの大学入学資格に当たるマトゥラに合格する。だが、その後数年間はケルンテンにおけるドイツ人の対スロヴェニア「防衛戦争*13」にのめり込んだ。

オディロ・グロボチュニク

この若い極右は、一九三一年にナチ党、翌年には親衛隊に入った。オーストリアの「闘争期*14」に、ケルンテンのナチ党大管区指導者代理にまで上り詰めたグロボチュニクだが、政敵への暴力で何度か投獄されている。ヒトラーはオーストリア併合後、この「古参闘士」をウィーンの大管区指導者に任命した。グロボチュニクは、ここでアイヒマンとともにユダヤ人迫害を推し進めるかたわら、多くの権限争いと汚職事件に巻き込まれている。

一九三九年にヒムラーは、グロボチュニクを保護観察のため特務部隊に送り込み、ポーランド戦後、総督領東部のルブリンの親衛隊・警察指導者に任命した。グロボチュニクはウィーンにいたときと同様に、そこでも「ユダヤ人問題」に過激に対処した。

グロボチュニクが管轄した三つの絶滅収容所では、ハイドリヒの名前にちなんで名付けられた「ラインハルト作戦」により、一九四二年三月から四三年一〇月までにユダヤ人約一五〇万名が殺害された。

ソビブル絶滅収容所，1943 年

施設建設には、クリスティアン・ヴィルトのようなT4作戦の専門家が手を貸した。ベウジェツ、ソビブル、トレブリンカでは、安楽死殺人施設と同じく一酸化炭素を用いるガス室が導入され、ヘウムノと同様に遺体は巨大な穴に投げ込まれた。三つの収容所で生きのびた人々が総計で一〇〇名にも満たなかったという事実が、これら死の工場がどれほど有効に稼働していたかを示している。

ベウジェツ、ソビブル、トレブリンカ、さらには、ガス室が稼働していたことがあるマイダネク強制収容所での殺人任務に従事していたのは、比較的少数のドイツ人親衛隊員より、むしろはるかに多数のいわゆる「トラヴニキス」だった。

グロボチュニクは、ルブリンの南東約四〇キロメートルに位置するトラヴニキ強制労働収容所で、ポーランド、バルト諸国、ウクライナ出身のいわゆる対独協力者四〇〇〇〜五〇〇〇名を殺人の助手に仕立て上げた。彼らはトラヴニキスと呼ばれる。この男たちの多くは、ドイツの戦争捕虜収容所で募集された。そのため、どれほどのトラヴニキスが自由意志で親衛隊の任務に就いていたかは疑問の余地がある。

なお、ドイツの戦争捕虜収容所では第二次世界大戦中、約三三〇万名の赤軍兵士が殺害されている。

ヴァンゼー会議

ロシア戦線の背後で大量射殺が継続し、占領下ポーランドで列車が絶滅に向かって走る一方、一九四二年一月二〇日、前年一〇月以来親衛隊のゲストハウスとして使用されていたベルリンのヴァンゼー湖畔にある堅牢な別荘で、九〇分ほどの話し合いが持たれた。

ここでハイドリヒは、ドイツ各省次官クラスの高官たちに組織的な「ユダヤ人問題の最終解決」計画を開陳する。決定済みの「最終解決」を全欧レベルで組織化するためのこの会議の議事録を作成したのは、アイヒマンである。

総計一一〇〇万名と推定されていたヨーロッパ・ユダヤ人を、可能な限り東方へ移送し、そこで到着直後に殺害する、あるいはきわめて苛酷な強制労働によって死に至らしめる計画である。それに異議を唱える出席者はいなかった。

アウシュヴィッツ

ヴァンゼー会議の結果、アイヒマンがベルリンの保安本部で調整し、一九四二年の春にはドイツ占領下の全地域から、ユダヤ人を詰め込んだ貨物列車が東方を目指して発車した。オランダとフランスのユダヤ人を乗せた数本はソビブルに、トラキアとマケドニアのユダヤ人を乗せた別の数本はトレブリンカに向かった。だが、西欧、中欧、南欧、南東欧からの大部分の列車にはほかの目的地があった。

一九一八年まではハプスブルク帝国、そのあとはポーランド、三九年一〇月からはシュレージエン大管区の一部としてドイツに帰属したガリツィアの小さな町アウシュヴィッツ（オシフィエンチム）である。

親衛隊はここに、まずは通常の強制収容所を建設した。地元民抑圧の手段として、ポーランド人強制労働者の通過収容所に、一九四一年以降はソ連軍捕虜収容所に使われた。

ヒムラーはルドルフ・ヘースをこの収容所の司令官に任命した。

ルドルフ・ヘース

ヘースは一九〇〇年バーデン・バーデンで、厳格なカトリック商人の家に生まれ、支配的な父のもとでつらい幼少期を送った。一九一六年にその若さにもかかわらず軍隊に志願。第一次世界大戦時ドイツ帝国の最年少の下士官となった。一九一八年以降は義勇軍に参加、日雇い労働者となり、自殺願望に取り憑《つ》かれた。一九二二年ナチに入党したが、翌年「ドイツの大義」への裏切り者とされる人物の殺人事件に関わったため、二八年に大赦が出るまで投獄されていた。アルタマーネン運動〔第3章註15参照〕を通してヒムラーと知り合ったのち、一九三四年ダハウ強制収容所の監視員として採用され、瞬く間に出世した。

戦後ポーランドで拘束されていたとき執筆した回想録でヘースは、意志のない、つねに「礼儀正しい」、命令に従う者と自らを演出しているが、実際は強制収容所司令官として無制限の権力を振るい、生死を左右し、親衛隊であげた「業績」を誇りにしていた。

一九四一年の晩夏から、ヘースは、「人道的」な殺害方法の検討に参加し、アウシュヴィッツでソ連軍捕虜と罹患した囚人のガス殺実験を行った。アウシュヴィッツでは、一酸化炭素の代わりに、衣服の害虫駆除のため強制収容所に大量に貯蔵されていた青酸ベースの殺虫剤を使用した。これはとくに「ユダヤ人問題の最終解決」への技術貢献となった。これがアウシュヴィッツの第一の特質と言える。ドイツ害虫駆除会社（略称デーゲシュ）が製造した殺虫剤は「ツィクロンB」という。

ヘースはガス殺実験の「成功」後、アウシュヴィッツ＝ビルケナウの一部を絶滅収容所に改造した。親衛隊の技術者は、元農家だった二軒をガス室にし、それぞれ「第一ブンカー（地下壕）」「第二ブンカー」と名付けた。ここで一九四二年三月以降、アイヒマンが編成した最初の移送で運ばれてきたユダヤ人が殺害された。列車が到着する降荷場で行われた選別は、アウシュヴィッツが導入した二つ目の特質だった。

アウシュヴィッツ絶滅収容所には多数の強制労働現場、とくにモノヴィッツ村に建設された化学コンツェルンI・G《イー・ゲー》・ファルベンの工場と五〇ほどの支所が付属していた。そのためアウシュヴィッツ絶滅収容所の医師たちは、降荷場で到着したユダヤ人の運命を素早い手の動きで決定した。高齢者と子どもは即刻ガス室に送り込まれたが、体力が十分あるように見える男性や女性、若者は労働に従事させられた。この任務を引き受け

アウシュヴィッツ絶滅収容所，1944 年　到着したハンガリー系ユダヤ人の「選別」が行われている

た医師のなかにヨーゼフ・メンゲレ[*15]がいた。アウシュヴィッツの囚人に医学実験を行った男だ。

親衛隊少佐カール・ビショフはヘースに委任され、一九四三年半ばまでにアウシュヴィッツ＝ビルケナウ絶滅収容所を前代未聞の高性能な殺人機械に改造した。エルフルトのトプフ・ウント・ゼーネ社と協力して、高性能の焼却炉を備えたガス室を新築した。これはほかの絶滅収容所との比較で、アウシュヴィッツの第三の特質とされる。

親衛隊はユダヤ人囚人のなかから「ユダヤ人特別労務班員」を選び、ガス室の片付け、金歯の抜き取り、遺体の焼却といった「汚れ仕事」をさせた。彼らはそれによって助かろうとしたが、親衛隊は事情を知る彼らを定期的に銃殺し交替させたため、この悲しい打算がうまくいった者はほとんどいなかった。ユダヤ人特別労務班員約二二〇〇名のうち、生きのびたのは一一〇名ほどにすぎない。

一九四五年一月二七日に赤軍が解放するまでに、アウシュヴィッツ絶滅収容所では約一一〇万名のユダヤ人が殺害され、そのうち約九〇万名はガス室で殺された。ルドルフ・ヘースはこの「成果」によって、一九四三年一一月にオズヴァルト・ポールの親衛隊経済管理本部に属する局集団Dの長、ならびに全強制収容所の代理総監に昇進した。なお、一月二七日は現在、国際ホロコースト記念日に定められている。

文明の破壊

ドイツの敗北までに総計五六〇万から五七〇万名のユダヤ人が亡くなった。「人種」を理由に迫害されたもう一つの集団はシンティとロマである。少なくとも一〇万名、その多くが絶滅収容所で殺害された。圧倒的多数はヒムラー指揮下の親衛隊、警察部隊の犠牲となった。

親衛隊の男たちがホロコーストとポライモス（シンティとロマに対するジェノサイド）によって文明を破壊したと自覚していたことは、次の二つが証明している。

第一に、彼らは自分たちの行為を公に誇ることをほぼあきらめていたことである。ヒムラーでさえ、一九四三年一〇月六日のポズナニでの悪名高い演説で、「ユダヤ人問題の最終解決」を「かつて記録されたことがなく、今後記録されることもないだろう、われわれの歴史を飾る輝かしい出来事」だと語っている。

第二に、一九四一、四二年冬の戦況転換後、自分たちの行為の痕跡を消そうとしたことである。ハイドリヒとゲスターポ長官ミュラーは、バビ・ヤールの大虐殺で指揮を執った親衛隊大佐ブローベルに「特別作戦1005」[*16]を任せている。ブローベルは、最初の絶滅収容所ヘウムノの大量の遺体を埋めた場所で、大がかりな遺体処理実験を行っている。最も効果的だったのは、鉄道のレールで一種の焼網を作り、その上でガソリン塗れにした遺体の山を燃やす方法だった。ヒムラーの厳命により、残った骨は特殊な製粉装置かロードローラーによって識別できないまでに粉砕された。

一九四三、四四年、ドイツ人の秩序警察官と親衛隊将校、そしてこの仕事を強制され、その直後に殺害されたユダヤ人で構成された多数の「特別行動隊」は、この方法で未曽有の犯罪の正確な規模だけは隠そうとしていた。

第6章

戦後ドイツ社会と親衛隊

1945年〜

1　終わらない「裁き」——非ナチ化と訴訟の続発

ニュルンベルク国際軍事裁判

米国、英国、ソ連は、すでに一九四三年一〇月三〇日のいわゆるモスクワ宣言で、ドイツが占領地で犯した「残虐行為、大虐殺、冷酷な大量処刑」を処罰すると決定していた。連合国は共同で主要犯罪人を裁判にかけるつもりだった。連合国戦争犯罪委員会はすぐに証拠を探し始める。

ドイツの無条件降伏後、戦勝国は一九四五年八月にロンドンで国際軍事裁判の具体的な方法について合意した。世界、わけてもドイツ人自身にナチ犯罪を知らしめるため、ナチ党大会が開かれたニュルンベルクの地で、体制のトップが申し開きをさせられることになる。

ヒムラーは一九四五年五月に自殺し、ハイドリヒは四二年にプラハでチェコの抵抗勢力に暗殺され、アイケは四三年一月、東部戦線で偵察飛行中に撃墜され死んでいた。親衛隊（SS）の代表者としてニュルンベルクで起訴されたのは、ハイドリヒの後任の保安本部長官エルンスト・カルテンブルンナーである。

戦勝国は、「組織による犯罪」という司法上議論の余地のある理論に意図的に依拠しながら、親衛隊、保安部（SD）、秘密国家警察（ゲスターポ）を起訴した。有罪判決が下るならば、ドイツ政府、ナチ党政治指導者団、突撃隊（SA）、国防軍指導部といったさまざまな組織のメンバーは、所属しているだけで裁判にかけられ、有罪判決を受けることを意味した。ただ、個々の訴訟手続きを伴わない集団処罰は不可能だった。

ニュルンベルク国際軍事裁判，1946年1月2日　カルテンブルンナーの犯罪に関する証拠が提示された

ナチを裁くニュルンベルク国際軍事裁判は一九四五年一一月に始まった。親衛隊の公選弁護人には、ホルスト・ペルクマン[*1]とハンス・ガヴリク[*2]が就いた。彼らは一九四六年一〇月に判決が出るまで、刑を軽減するために召喚した証人とともに、親衛隊は「ナチの理念の熱狂的な信奉者からなるナチズムの精華」（米国の検察官ウォレン・ファー）だという非難を論破しようと試みた。

だが、裁判では良い印象を得られなかった。

占領下ポーランドで総督だったハンス・フランクは、言葉を選択する際、ナチの専門用語にこだわっていたが、いずれにせよ親衛隊のなかで出会ったのは「大勢の礼儀正しく、清廉で、軍人らしく明晰な人々」だったと述べている。

親衛隊最高裁判官だったギュンター・ライネッケは、親衛隊には「とりわけ道徳に適った態度」が典型的だったと主張している。親衛隊員は「礼儀、正義、道徳」を教え込まれていたのだという。

親衛隊・警察高権指導者カール・フォン・エーバーシュタインは、ミュンヘンの警察本部長としてダハウ強制収容所を管轄下に置いていた。彼は、親衛隊員の大部分はユダヤ人絶滅についてまったく知らなかったと主張した。だが彼自身も何も知らなかったと語ったからと言って、彼の供述の信憑性が必ずしも上がるわけではなかった。

ペルクマンは最終弁論で、親衛隊には「少なからぬ数の」殺人者と犯罪者が存在していたと認めつつ、「何十万もの人々」は無罪放免になるべきだと主張した。「彼らは良き信念をもって働き、犯罪的ではなく、倫理上、形而上学上の責任を問われているにすぎない」、「ヨーロッパの心臓部に罪人と被追放者の群れ」をつくり出してはならないと。

結局、ニュルンベルクの裁判官たちは、この遠まわしな脅しに惑わされることなく、親衛隊は三つの訴因、すなわち平和に対する罪、戦争犯罪、人道に対する罪のすべてにおいて有罪だとの判決を下した。一般親衛隊と武装親衛隊は「犯罪的組織」だと明確に判断された。対象とならなかったのは、いわゆる騎兵親衛隊、[*3] 戦前に除隊、あるいは戦時中に徴兵された親衛隊員だけだった。

判決理由は納得できるシンプルなものだ。「犯罪行為に加担しなかった一部を親衛隊から選別するのは不可能」だからである。

非ナチ化手続き

もっとも、戦争を生きのびた六〇万名ほどの退役武装親衛隊員と一五万名の一般親衛隊員のなかで、ニュルンベルクの判決がもたらす直接の結果を恐れる必要があったのは、ごく少数だった。「組織犯罪」を対象とする特別な訴訟手続きが行われたのは、イギリス占領地区だけだったからだ。

罰金刑六〇九八件と禁錮刑二八三三件がここで科されたが、金額、日数ともに少なく、該当した親衛隊員は、それ以前に戦勝国に抑留されていた期間を含めると、たいていが釈放されることになった。

アメリカ占領地区でも、親衛隊の元メンバーは、一般的な非ナチ化[*4]のなかでそれほど厳しく扱われなかった。一九四八年末までに非ナチ化の手続きを完了した親衛隊員二万七六五六名の内訳は以下の通りだ。

重罪者一一一名、活動的分子と分類された者二五九二名、軽罪者九九〇六名、同調者九四〇六名、無罪相当者三一三名である。若さを主な理由として、五三二八名は大赦の対象となった。

ナチ犯罪に対する刑事訴訟

生き残った親衛隊の犯罪者にとって、非ナチ化の集団手続き以上に恐ろしかったのは、全欧州の解放ならびに終戦とともに始まったナチ特有の犯罪への刑事訴訟である。もっとも、ナチの不正の法的処理は、ドイツでは最初から困難に見舞われた。一九五〇年までドイツの裁判所には、多くの場合、単に権限がなかったことによる。

戦勝国の規定によれば、ドイツの裁判所はドイツでのドイツ人の犯行にのみ判決を下すことができた。外国での外国人に対する不正について権限があるのは、連合国の軍事法廷かドイツによる支配から解放された各国の裁判所であり、戦争終結直後には相応の訴訟手続きが多数とられた。

アメリカ占領地区では一九四九年までに、まずいわゆるダハウ裁判でブーヘンヴァルト、フロッセンビュルク、マウトハウゼン、ダハウの強制収容所勤務の親衛隊員が裁かれた。次いで、ニュルンベルク国際軍事裁判に引き続き行われたニュルンベルク継続裁判では一二件が対象となった。とりわけ強制収容所勤務の親衛隊医師二〇名、親衛隊経済管理本部長オズヴァルト・ポール、親衛隊人種・植民本部長オットー・ホフマンとリヒャルト・ヒルデブラント、ドイツ民族強化全権本部長ウルリヒ・グライフェルト、行動部隊D司令官オットー・オーレンドルフらが、米軍裁判官を前に弁明しなくてはならなかった。

西側連合国の軍事裁判所が第三帝国時代の犯罪ゆえに有罪判決を下したのは、合計五〇二五名、そのうち八〇六名が死刑判決を受け、実際に四八六名が処刑された。

ソ連占領地区での数字を同様に出すことは難しい。当時、ナチとの決着と社会主義への社会変革が交錯したため、両者の明確な分離がほとんど不可能だったからだ。概数だが、占領期にソ連によって総計四万五〇〇〇名、ドイツ民主共和国（東ドイツ）の終焉までに同国の裁判所で約二万名が、ナチ犯罪ゆえに処罰された。

ポーランドは、ソ連と並んでナチによる被害が最も深刻な国だった。すでに一九四四年八月、赤軍の進入直後に「ヒトラー・ファシズムの犯罪の量刑に関する命令」が出されていた。

それに基づいて、その後数年の間に五〇〇〇名を超えるナチ犯罪者が有罪となり、一〇〇〇名以上が実際に処刑された。それにはアウシュヴィッツ絶滅収容所司令官ルドルフ・ヘースのような親衛隊の大物も含まれている。同様の裁判はヨーロッパのほぼすべての国で行われた。

「主犯一人と幇助者六〇〇〇万人」

それに対してドイツの裁判所は、当初権限がなかっただけでなく、不明瞭な法的状況に対処しなくてはならなかった。

前例のないナチ犯罪に対処するために連合国が創り出した平和および人道に対する罪が、ドイツの裁判でどの程度遡及《そきゅう》的に適用されるべきかが争われた。部分的恩赦は、戦争や政変のあとの社会を安定させるため一般的にとられる方法だが、一九四九年と五四年の恩赦令、また複雑な時効の問題によって、何が訴追すべき事案なのかが曖昧になっていく。

ドイツ連邦共和国（西ドイツ）の初代首相コンラート・アデナウアーが一九四九年九月二〇日に出した最初の政府声明もまた、事態を明確にするものではなかった。アデナウアーはそのなかで、一方では「本当に罪ある者」の厳格な処罰を、他方では「可能なら、過去は過去のままにとどめること」を求めていたからだ。

最終的には戦時中の犯罪の立証は困難になった。犯行現場と物証の大部分が、東西冷戦の開始によって「鉄のカーテン」の向こう側に行ってしまったからだ。また、生きのびた証人を戦後の混乱のなかで捜し出すのは難しく、見つかったとしても、たいていは極度のトラウマを負い、有罪の立証に必要な個人的で精確な決定的証拠を提出できる状態にはなかった。

こうしたさまざまな問題があったが、ナチ犯罪者を処罰しようというドイツの努力が完全に弱まることはなかった。

ドイツ連邦共和国の検察当局は、一九四五年から二〇〇五年までに、少なくともナチ犯罪三万六三九三件の訴訟手続きの過程で、一七万二二九四名を捜査対象とした。容疑者一万六七四〇名に対し公訴五六七二件、被告一万四六九三名に対し刑事訴訟四九六四件が提起された。

そのうち六六五六名の有罪判決が確定したが、そのほとんどは比較的寛大な有期刑だった。ドイツの裁判所で殺害行為が謀殺と認められるのは、犯人の主導性と過剰行為が立証された場合だけだったからだ。結局、親衛隊の行動部隊と絶滅収容所における命じられた殺人への加担は、単なる従犯と評価された。

ドイツの裁判官が二〇〇五年までに終身刑（最高刑）を言い渡したナチの犯罪者は、一六六名にすぎない。テュービンゲンの刑法学者ユルゲン・バウマンの辛辣《しんらつ》な批判は、この点で理解できる。彼はドイツの裁判所が確定したいくつかの判決から、「主犯一人（ヒトラー）と幇助者六〇〇〇万人――ドイツ民族は幇助民族である」と断言している。

これらの数字から戦後ドイツ司法のナチ犯罪への対応は、一二年間の独裁の悪行に法治国家の方法で対処し、正犯と容疑者のさまざまな権利を尊重するという、国際的に類のない試みだと皮肉る者が多い。むしろ、十分な償いを受けていない大勢の犠牲者に着目し、「司法の無能力」と「第二の罪」（ラルフ・ジョルダーノ）[*5]に言及する者もいる。

この問題でどのような判断が下されようとも、センセーショナルなナチ裁判の主役が親衛隊のメンバーだったことは確かである。

ウルム行動部隊裁判，1958年　裁判中の被告たち

ウルム行動部隊裁判

一九五八年三月から八月にかけて、ドイツ南西部バーデン＝ヴュルテンベルク州ウルムで、行動部隊Aに所属し、親衛隊准将ベルンハルト・フィッシャー＝シュヴェーダーの指揮下にあったティルジット行動隊の隊員一〇名が、一九四一年にユダヤ系リトアニア人数千名の射殺に参加した責任を問われた。

このいわゆるウルム行動部隊裁判の結論は両義的だった。一方で、この裁判は、個々の犯罪だけでなく犯行全体の構造を捜査対象とした。東方でどれほどの殺人が犯されたかについて、司法追及が行われてこなかったことが明らかになり、同州ルートヴィヒスブルクに「ナチ犯罪糾明のための州司法行政中央本部」［ナチ犯罪追及センター］が設立される。この機関は今日に至るまで、組織的な予備捜査を担当している。

他方で、前述のユルゲン・バウマンの批判にあるように、戦後ナチ犯罪で訴えられたとしても、容疑者たちは主犯ヒトラーの幇助者にすぎないという判断が示された。結局、彼らには、三年から一五年までの有期刑が言い渡された。

アウシュヴィッツ裁判

一九六三年一二月から六五年八月にかけてフランクフルト・アム・マインで、これまでで最大規模の裁判が開かれた。

フリッツ・バウアー

被告はアウシュヴィッツで勤務していた総計二二名で、ヘースの副官ローベルト・ムルカ、薬剤師ヴィクトア・カペジウス、医師フランツ・ルーカス、収容所専任ゲスターポ吏員ヴィルヘルム・ボーガーが含まれている。ハンス・ブーフハイム[*6]、マルティン・ブローシャート[*7]らミュンヘン現代史研究所[*8]の研究者たちが、かつてないほどわかりやすくまとめた膨大な鑑定書『親衛隊国家の

アウシュヴィッツ裁判，1963年12月～65年8月　写真は被告人たち，同収容所の勤務者22名．裁判所の地から「フランクフルト・アウシュヴィッツ裁判」とも呼ばれる．アウシュヴィッツでの殺戮が広く知られる契機となった

解剖』（*Anatomie des SS-Staates*）を提出した。三五六名の証人が供述し、そのうち二二〇名は、国際アウシュヴィッツ委員会の共同創設者ヘルマン・ラングバインら、ホロコーストを生きのびた人々である。

裁判の結果、以下のような刑が宣告された。きわめて残虐な拷問とサディスティックな殺人が立証されたボーガーに終身刑、ムルカに一四年、カペジウスに九年。選別に携わったと認めたにもかかわらず、元親衛隊中尉ルーカスにはわずか三年三ヵ月だった。

ただし、この裁判の特筆すべき意義は、科された刑罰より、むしろアウシュヴィッツをめぐる「歴史的真実」がついに広く世界に知られたことにある。首席検察官フリッツ・バウアーの功績である。バウアーはユダヤ系ドイツ人で、戦後亡命から戻り、ヘッセン州の検事長に就任していた。西ドイツのナチ捜査官のなかで最も重要な人物だった。

デミャニュク裁判

「重要なナチ裁判として最後」（ハインリヒ・ヴェーフィング）[*9]と評された裁判も、親衛隊がヒトラーやヒムラーの委任で運営した絶滅収容所と関連している。二〇〇九年七月から一一年五月にかけて、ミュンヘンで行われたジョン・デミャニュクの裁判である。

一九二〇年生まれのウクライナ人デミャニュクは、四二年に赤軍兵士としてドイツの捕虜になった。この境遇から逃れるため「現地民対独協力者」として、グロボチュニクのトラヴニキ訓練収容所へ移った。一九四三年に数ヵ月間ソビブル絶滅収容所で、その後はフロッセンビュルクでも勤務した。

裁判では、逃亡した何人かが逮捕後に処刑されたので、「現地民対独協力者」は親衛隊員よりいっそう強い命令下での緊急避難（命令に異を唱える自由がない）状態に置かれていたと立証された。デミャニュク自身も殺人行為に直接関与したとは証明されずにすんだのである。それまでのドイツのナチ訴訟なら、無罪判決が下ったに違いない。しかし、ミュンヘン地方裁判所は、殺人幇助で彼に禁錮五年を言い渡した。

デミャニュク裁判　2万7900人のユダヤ人殺害幇助の罪で5年の禁錮刑を受けたジョン・デミャニュク．このとき91歳だった，2011年5月12日

デミャニュク裁判には、親衛隊犯罪の司法処理に特有の二面性が見られた。

一方で、「小物のうちでも最も小物」（クリスティアーン・リューター）[*10]が処罰され、大勢のドイツ人上官は罪を免れた。一九七六年にハンブルクの裁判所は、トラヴニキ収容所司令官だった親衛隊少佐カール・シュトライベルに無罪を言い渡している。シュトライベルが何のために「現地民対独協力者」を教育しているか、承知していたとは立証できないという理由からだった。

他方、デミャニュク裁判では、あまり注目されてこなかった「ラインハルト作戦」の収容所に関する解明作業が行われた。なお、付帯私訴[*11]の原告として立ち合ったソビブル絶滅収容所における犠牲者の親族は判決に満足していた。

ベルリンの『ターゲスツァイトゥング』（*Tageszeitung*）紙の論評には、この裁判後も続けられた高齢のナチ犯罪者を対象とする捜査について、「ないより遅い方がまし」というタイトルが付けられている。

2 社会復帰の模索と拒絶――逃亡、連邦軍の拒否

自殺と逃亡

ドイツの敗戦直後、親衛隊員たちには戦勝国と生きのびた被害者による処罰が迫りつつあった。そのため一九四五年五月には、ヒムラーだけでなく親衛隊の多くの大物たちが、青酸カリのカプセルで命を絶った。

自殺者には、T4作戦を指揮したフィリップ・ブーラー、総督府親衛隊・警察高権指導者フリードリヒ＝ヴィルヘルム・クリューガー、占領下ソ連の親衛隊・警察高権指導者ハンス＝アドルフ・プリュッツマン、テーオドーア・アイケの後継者として強制収容

所査察官を務めたリヒャルト・グリュックス、ユダヤ人大量殺戮の「ラインハルト作戦」を指揮したオディロ・グロボチュニクらがいる。

他方で「友好国」への逃亡に成功した親衛隊犯罪者もいた。友好国には、戦後イスラエル建国に抗して戦い、過激な反ユダヤ主義者を歓迎したアラブ諸国のほかに、フランシスコ・フランコが支配するスペイン、ファン・ペロンが支配するアルゼンチンのような右翼独裁国家が含まれる。アルゼンチンだけで少なくとも一八〇名のナチ犯罪者を受け入れている。

彼らはたとえば、まずヴァチカンが用意した「ラットライン」または「修道院ライン」を通り、アルプスと南チロルを越えてイタリアに入った。最終目的地として中南米諸国に至る、悪名高い逃走経路である。イタリアでは、オーストリア出身の司教で、ローマのサンタ・マリア・デッラニマ教会ドイツ信徒団長アロイス・フーダル[*12]が逃亡者救済ネットワークをつくって、ナチ犯罪者に隠れ家、偽造書類、海外への渡航手段を提供した。

フーダルは熱烈なヒトラー崇拝者だった。一九三三年にナチとヴァチカンのあいだで政教条約が結ばれると、ヒトラーに精神的な『ナチズムの基礎』（*Grundlagen des*

Nationalsozialismus）についての本を奉呈した。彼は「迫害されている」ナチに援助の手を差し伸べるのがキリスト者としての義務だと考えた。ナチ犯罪者たちをなおも「反キリストのボリシェヴィズム」との戦いにふさわしい同盟者と見ていたからだ。

ほかにもさまざまな逃走経路があった。たとえばデンマークとスウェーデンのアルゼンチン大使館を経由して逃げるのに成功したのは、アイヒマンとその近しい協力者アロイス・ブルンナー、アウシュヴィッツ絶滅収容所の医師ヨーゼフ・メンゲレ、リヨンのゲスターポ責任者クラウス・バルビー、ソビブルとトレブリンカの絶滅収容所司令官フランツ・シュタングル、ガス・トラックの考案者ヴァルター・ラウフである。

A・ブルンナー（上），J・メンゲレ（中），K・バルビー（下）

元親衛隊員の社会復帰

しかし、大多数の元親衛隊員は、戦争、捕虜生活、連合国軍による抑留から戻ったのち、本名でドイツにあらためて居を定めた。以前は数百万人単位で同様に「ヒトラーと第三帝国」を支持していた「民族同胞」たちも、一種の「敗者の民族共同体」をつくりあげ、互いの接触を恐れることもなかった。

それは「沈黙のコミュニケーション」（ヘルマン・リュッベ*13）の文化だった。完璧な民主主義者やかつてナチに抵抗した人々は、ナチズムの理想と第三帝国という不法国家から距離を置き、「小物のナチ」たちが静かにしている限り、彼らの具体的な行動には触れなかった。元親衛隊員たちはこの文化のなかで容易に社会に再統合されていった。

クリスティーナ・ウルリヒ*14は、この「沈黙」がどれほどよく機能したか、一九四五年以降の行動部隊所属の犯罪者一九名の人生を扱った博士論文で明らかにしている。元親衛隊員の家族や新旧の隣人たちが、「誘惑された理想主義者」「不幸にも巻き込まれた者」「命令されただけ」、あるいは「ほかの人々と同じ兵士」といった彼らの自己正当化を、積極的に受け入れたことを記している。

多くの元親衛隊員たちが殺人幇助で有罪になったのちも刑期を終えるまで、彼らには職場が確保されていた。ヨッヘン・パイパーは武装親衛隊将校として、ロシア、イタリア、アルデンヌでの殺人行為の責任を問われたが、一九五六年にランツベルクの戦犯刑務所を出所すると、すぐに勤務先提供の申し出が三件あった。パイパーは給料が最も高額だった新興スポーツカーメーカー、ポルシェに決めた。オーナーであるフェリー・ポルシェも、支配人アルベルト・プリンツィングと同じく親衛隊に所属していた。パイパーはまもなく西ドイツの「経済の奇跡」の時代に、最高月額二〇〇〇ドイツマルクを稼ぐようになり、親衛隊の憧れの地だったブルゴーニュに別荘を購入している。

さらに三つ、元親衛隊員がドイツの大企業で指導的地位を得た例をあげておこう。国家保安本部でハイドリヒの代理を務めていたヴェルナー・ベストは、パイパーと同様に正式に戦争犯罪人として有罪を宣告されたが、一九五三年にミュールハイムのシュティンネス・コンツェルンの法律顧問になった。

マックス・フラウエンドルファーは、一九二八年に親衛隊へ入り、第三帝国では占領政策をめぐって失脚するまで、ナチ党法務局と総督府労働本部を率いていたが、一九五〇年代にアリアンツ保険会社ミュンヘン本社で部長まで務めた。

ラインハルト・ヘーンは、設立当初の保安部（ＳＤ）に所属し、親衛隊准将まで昇進した。彼は一九五六年、バート・ハルツブルクに指導者養成所を設立したが、この学校はその「ハルツブルク・モデル」が評価され、八〇年代までドイツ連邦共和国で影響力のある幹部訓練機関の一つだった。

官職をめぐって

さらに、多くの元親衛隊員がドイツ連邦警察に職を得ていた。

基本法第一三一条と、それに付属した元官吏の復職を認める法律が、一九五一年五月連邦議会で満場一致で可決されたことによる。一九四五年まで親衛隊と警察はきわめて密接な関係にあり、この事態は避けられなかった。しかし、ゲオルク・ホイザーのような元親衛隊中尉がラインラント＝プファルツ州の刑事局長にまでなったのは驚きである。彼は行動部隊の犯罪に関与したことで失脚することになるが。

一九五三年の時点で連邦刑事庁（ＢＫＡ）では、指導的ポスト五七のうち三三を元親衛隊員が占めていた。連邦憲法擁護庁にも一二名を超える親衛隊のメンバーがいた。『南ドイツ新聞』（*Süddeutsche Zeitung*）は、一九六三年に苛立ちも露わに、この事実を

「泥棒に鍵を預けている」と論評した。二〇一一年に発表された連邦刑事庁の『過去の影』（*Shatten der Vergangenheit*）に関する研究[*15]は、それに劣らず驚くべきことを明らかにしている。

一九五〇年代のドイツ連邦共和国では、ナチ体制期に引き続き、同性愛者、シンティとロマ、共産主義者が迫害され、輿論《よろん》の同意も得ていたが、連邦共和国で職を得た元ナチが再ナチ化したわけではない。むしろ元親衛隊警察官の大部分は、一九六〇、七〇年代にひっそりと退職するまで目立つことなく新しい法治国家に順応していた。

だが、元武装親衛隊員には、基本法一三一条による国家公務員としての勤務は認められなかった。

パウル・ハウサー、フェーリクス・シュタイナー、クルト・マイヤーのような元親衛隊師団司令官はこれを不当、名誉毀損と見なし、一九五〇、六〇年代に愚かしい弁明書[*16]を発表した。彼らは武装親衛隊の退役軍人およそ二万名とともに「相互援助協会」（HIAG）を組織し、全国で活動を展開した。

相互援助協会は一万名以上が参加する大規模な集会を数回開き、首相アデナウアーと社会民主党党首クルト・シューマッハーの支持を得て、武装親衛隊での勤務期間を年金保険に算入させることに成功する。

だが、一九五五年に設立された西ドイツ軍への大量再雇用という希望は潰《つい》えた。西ドイツ軍では、武装親衛隊経験者は個々に精査され、高級将校にはなれなかった。一九六〇年の時点で、西ドイツ軍に勤務できた元親衛隊員は七〇〇名ほどである。

「親衛隊の過去」に対する抗議の顕在化

戦後、ドイツ連邦共和国が成立した一九四九年から六三年まで、初代首相を務めたアデナウアーの時代には、親衛隊に所属していたことが証明されなければ、国家の要職に就くことができた。アデナウアー内閣では、エマヌエル・プロイスカー（一九三三年、親衛隊に入隊）が一九五三年から五七年まで住宅建設相を、ヴァルデマール・クラフト（三九年以降、親衛隊名誉将校）が五三年から五六年まで無任所相を務めていた。

一九七〇年代に入ると、相互援助協会の集会への抗議が増えていく。反対デモが頻繁に行われ、暴力沙汰に発展することもあった。連邦憲法擁護庁は一九七九年、親衛隊退役軍人の監視を始めた。ドイツ社会民主党は、党員に相互援助協会に所属することも認めていたが、一九八〇年には一転して禁じた。

ギュンター・グラス

一九八一年にフランツ・シェーンフーバーは、武装親衛隊に所属していたことを誇りつつ認めたが、翌年にはバイエルン・テレビ局長代理の地位を失った。一九八五年五月五日に連邦首相ヘルムート・コールは、米国大統領ロナルド・レーガンとともにビットブルクの戦没兵士墓地を訪れて献花した。その墓地には、国防軍将兵と並んで武装親衛隊員が葬られていたため、コールは、哲学者ユルゲン・ハーバーマス[*17]や作家ギュンター・グラス[*18]の厳しい批判を受けることになる。

そのギュンター・グラスも二〇〇六年、ドイツ連邦共和国の輿論が、親衛隊という重荷にどれほど敏感に反応するようになったかを自ら経験する。グラスが自伝的小説『玉ねぎの皮をむきながら』(*Beim Häuten der Zwiebel*) の出版を前に、一九四五年に一七歳で国防軍ではなく親衛隊戦車師団フルンツベルクに入隊したと告白したとき、抗議の嵐が彼を襲ったからだ。

親衛隊員だったとしても、考えられる限り最も罪が軽い事例だが、グラスの告白はあまりにも遅かった。多くの抗議は、ノーベル文学賞受賞者の芸術作品ではなく、政治的知識人としての公の活動に向けられた。たとえば、保守派のジャーナリストでヒトラー伝の著者ヨアヒム・フェストは、この人からは「二度と中古車を買うつもりはない」と断言している。

3　変遷する親衛隊イメージ——ハンナ・アーレントを超えて

オイゲン・コーゴン『SS国家』

終戦一年後の一九四六年、親衛隊について記した最初の著作『SS国家』(*Der SS-Staat*) が発表される。同書は大きな影響力を持つと同時に、販売上も成功した。著者オイゲン・コーゴンは、カトリックのジャーナリストにして抵抗運動の闘士だった。彼は終戦までの六年間、ブーヘンヴァルト強制収容所に収監されており、ゲスターポと親衛隊の牢獄で七年以上を生きのびていた。

コーゴンは『SS国家』で、自らの経験に基づき、監視員の怠惰な生活とともに囚人の日常を詳細に叙述している。「SSの心理学」という章では、親衛隊員に共通しているのは「強い不満、非達成感、何らかの事情による冷遇、あらゆる種類の劣等感、社会的な挫折」だと結論付けている。コーゴンは、こうした解釈により親衛隊をいわばドイツ社会の落とし子として描いているが、実際の親衛隊全体の社会的構成を十分に把握しないまま、国民教化を意図していた。

コーゴンは、建国まもないドイツ連邦共和国の主要なインテリ雑誌『フランクフルター・ヘフテ』(*Frankfurter Hefte*)を共同で創刊し、いわゆる「共同責任テーゼ」[*19]に強く反対し、かつてナチズムを熱狂して支持した人々の「政治的に間違いを犯す権利」を容認し、彼らが誤りを正すことを望んだ。その限りで、好ましからざるエリートとして社会の周縁に追いやるにしても、親衛隊のドイツ国民への再統合を容認していた。

ただし、コーゴンがはっきり指摘した罪の大部分は、ドイツの文化と社会の基盤を揺さぶることも、問題視されることもなかった。ドイツ国民は『SS国家』を喜んで利用した。同書は初版三万五〇〇〇部を瞬く間に売り切り、現在までに五〇万部以上の売上げを誇っている。

ドイツ国民の「アリバイ」

それに対してヴィルヘルム・エマヌエル・ジュースキント[20]は、早くも一九四六年八月に『南ドイツ新聞』で、「我々に罪はない——親衛隊がしたことだ」と耳にするが、これは概して「品位があるとは言えない言い逃れ」だと記している。

英国の著述家でホロコーストの全体像を示そうとした最初の一人、ジェラルド・ライトリンガー[21]はこの一〇年後、ジュースキントの批判に賛同しつつ、親衛隊は一九四五年以降、ドイツ人にとって「都合のよすぎるスケープゴート」に、「国民のアリバイ」になってしまったと嘆いている。

ライトリンガーが一九五六年に出版した『親衛隊——国民のアリバイ』（*The SS. Alibi of a Nation*）のタイトルは、ドイツ語訳では『ドイツの一時代の悲劇』（*Tragödie einer deutschen Epoche*）という無意味なものにわざわざ変えられた。このことから、ライトリンガーが痛い所を突いていたことがわかる。

ハンナ・アーレント『悪の陳腐さについての報告』

ライトリンガーの考えは、ユダヤ人迫害に直面し、まずフランス、次いで米国へ亡命したユダヤ系ドイツ人哲学者ハンナ・アーレント[22]に刺激を与えた。

アーレントは、ホロコーストの組織者を被告人とするエルサレム裁判を傍聴する。イスラエルの秘密情報機関が一九六〇年にアルゼンチンから拉致したアイヒマンを被告人とした裁判である。これを契機に、アーレントは親衛隊の歴史上の役割について新解釈を公表する。明らかにライトリンガーに触発され、ユダヤ人殺戮はドイツ社会の周縁でのみ行われたのではなく、社会的に「名声を得た人々」の多くも関与していたと主張した。

アーレントは一九六三年に『イェルサレムのアイヒマン――悪の陳腐さについての報

エルサレム裁判（アイヒマン裁判）
戦後アルゼンチンに逃亡したアイヒマンをイスラエルが強制連行し行われた．1961年4月に開廷し，12月に人道に対する罪などで死刑判決が下される．写真は裁判中のアイヒマン

ハンナ・アーレント

告』(*Eichmann in Jerusalem. A Report on the Banality of Evil*)を発表し、アイヒマンについて「出世の役に立つことなら何でもするという異常な熱意のほかには、〔中略〕動機らしい動機は何もなかった」と記している。

主にアイヒマンの尋問での発言に基づいた分析である。コーゴンが提示したサディスティックで反社会性人格障害を抱えた強制収容所監視員と並ぶ、新たなタイプの登場だった。計算高く、良心がなく、ご都合主義のうえにネクタイを締め、カラーを付けた「机上の犯罪者」である。

ナチズムと向き合う現代ドイツ社会

一九九六年と二〇〇二年にウルリヒ・ヘルベルトとミヒャエル・ヴィルト[*23]は、それぞれハイドリヒの代理を務めたヴェルナー・ベストと国家保安本部指導部メンバー二二一名を扱った大学教授資格論文で、アーレントが描いたステレオタイプは、実際の親衛隊の指導者像とはほとんど一致しないと立証した。

彼らによれば、親衛隊で働いていたのは単なる出世主義者ではない。確信的で、強い動機に支えられた「世界観の実行者」である。親衛隊は「生存圏」を獲得し、そしてユダヤ人を根絶するための戦いを「即物的」かつ「絶対的」に遂行した。

二〇一一年にはベッティーナ・シュタングネート[*24]が、ヘルベルトとヴィルトが記した特徴はアイヒマンにも当てはまると立証した。彼はエルサレムで死刑を免れようと、自分を「行政による大量殺戮」における意志を持たない「小さな歯車」という卑小《ひしょう》な存在に見せようとしたのだという。

彼らを含む、多くの「実行者に関する新しい研究」からは、次の三点が明らかにされている。

第一に、大衆文化で広がった親衛隊の犯罪者像は実像とは異なっている。たとえば、二〇〇六年〔独訳二〇〇八年〕に刊行されたジョナサン・リテルのベストセラー小説『慈しみの女神たち[*25]』(*Les Bienveillantes*)の話者マクシミリアン・アウエ博士や、二〇〇九年のクエンティン・タランティーノ監督による映画『イングロリアス・バスターズ[*26]』(*Inglourious Basterds*)に登場する「ユダヤ人ハンター」ハンス・ランダのような人物である。親衛隊員を悪魔のように、時代を超越する天才的で魅力的な「悪そのもの」と具現化することは、歴史への理解を妨げる。こうしたカリカチュアで人をぞっとさせたとしても、教訓は得られない。

第二に、親衛隊を十分理解するには、次にあげるさまざまな要因を考慮に入れる必要がある。第一次世界大戦に従軍した「前線世代」、および戦時に青少年期を送った（ヒムラーをはじめとする）世代の、二世代特有の経験、ヴァイマル時代の社会や文化から断絶、人種主義者、優生学者、生存圏計画担当者、そのほかの『絶滅思想の先駆者』[*27]（*Vordenker der Vernichtung*）の理念、ヒムラーが構想した親衛隊員の「教育」、強制収容所監視員、行動部隊、武装親衛隊部隊における集団的かつ状況に応じた暴力の社会化である。

ベルリンの歴史博物館「テロのトポグラフィー」の展示風景

　第三に、ドイツをはじめ世界中で、刑事訴追を求める者と歴史家が数十年にわたり活動してきたおかげで、親衛隊は「国民のアリバイ」という役割を演じ終えた。

　当初、親衛隊に関する詳細な、とりわけ個々の人物調査は、かなりの抵抗に遭った。だが、第二次世界大戦終結から七〇年を経過して状況は変化している。

　ノルトライン＝ヴェストファーレン州パーダーボルン近

くのヴェーヴェルスブルクにある「ヴェーヴェルスブルク記念館」やベルリンの歴史博物館「テロのトポグラフィー」には、親衛隊の歴史を扱った常設展示がある。優れた内容で観覧者も多い。時代の証人と犯罪者世代が「消えつつ」あることもたしかだが、こうした展示からは、現在のドイツ社会がナチズムという重い遺産に向き合っていることがわかる。親衛隊の歴史と犯罪はこの重い遺産の一部なのである。

註記

第1章

1 ルーン文字。ラテン文字の影響を受けて、二世紀にユトランド半島で成立した表音文字。

2 ハインツ・ヘーネ。一九二六～二〇一〇。ドイツのジャーナリスト、作家。邦訳に『髑髏の結社　SSの歴史』上・下（森亮一訳、講談社学術文庫、二〇〇一）。

3 一一月革命。第一次世界大戦の敗北間近に出された出撃命令に対する水兵の抗議行動をきっかけに、一九一八年一一月ドイツ各地で革命が起き、帝政が崩壊した。ドイツ革命とも言う。

4 レーテ共和国。レーテは「ソヴィエト」のドイツ語訳で「評議会」を意味する。労働者と兵士の代表機関である労兵評議会を基盤とする国家。一九一七年のロシア十一月革命（ロシア暦により十月革命とも）にならおうとした。

5 義勇軍。革命運動鎮圧のため旧軍将校のもと各地で募集、編制された志願者による軍事組織。一九一九年には一五〇～二〇〇の義勇軍部隊が存在した。

6 赤色戦線闘士同盟。一九二四年の夏に創設。

7 国旗団。一九二四年二月に創設。

8 鉄兜団。一九一八年に創設。

9 コンズル団。元義勇軍のメンバーで結成され、一九二一、二二年に反共和国のテロ活動を展開した。

10 オーバーラント同盟。一九一九年創設のオーバーラント義勇軍の後継組織。一九二一年に創設。
11 グスタフ・フォン・カール。一八六二〜一九三四。バイエルンの右翼政治家。ヴァイマル共和国成立後、バイエルンでベルリン中央政府に敵対した勢力の中心人物。一九二三年一一月の「ミュンヘン一揆」に参加。一九三四年の「レーム事件」の際に殺害される。
12 フランツ・フォン・エップ。一八六八〜一九四七。元バイエルン軍将校。第一次世界大戦後、義勇軍活動。一九二八年ナチ入党。一九三三〜四五年バイエルン国家総督。第二次世界大戦後逮捕され、裁判を待つ間に死亡。
13 「背後からの一突き」。ドイツは、前線で軍隊が負けたためではなく、銃後で左翼やユダヤ人が革命を起こしたために第一次世界大戦に敗北したというデマゴギー。
14 ベルリン進撃。一九二三年一一月八、九日、ヒトラーがヴァイマル共和国打倒を目論んで、第一次世界大戦下で軍部独裁体制を指導したルーデンドルフ元将軍らとともに、ミュンヘンからベルリンへの進撃を企てたもの。いわゆるミュンヘン一揆。
15 祖国闘争連盟活動共同体。一九二三年二月、レームが突撃隊、オーバーラント同盟などの民族至上主義軍事団体を糾合して設立。
16 ドイツ闘争同盟。一九二三年九月、突撃隊、オーバーラント同盟、一九年創設の帝国旗同盟を統合した組織。
17 エアハルト旅団。一九一九年二月、ヘルマン・エアハルト海軍少佐の指揮下に組織された義勇軍。一九二〇年五月に解散。メンバーの一部はコンズル団に移籍。
18 ミュンヘン一揆。「ヒトラー一揆」ともいう。註14参照。
19 Schutzstaffel の Schutz は「護衛」という意味。

20 大管区指導者。大管区はナチ党の地方組織の最上位。大管区が管区に分けられ、管区が地区に分けられる。

21 ヒンデンブルクの大赦。ヒンデンブルク大統領在任中の一九二五~三四年に、政治犯に施された大赦。

22 「血染めの旗」。ミュンヘン一揆の際、死亡した突撃隊員の血が付着した鉤十字旗。

23 ヒトラー・ユーゲント。略称HJ。一九二二年成立の突撃隊の青年組織「ナチ党青年同盟」を前身とし、二六年一二月正式に発足したナチ党青少年組織。一九三六年一二月、国家組織となり、三九年三月、一〇歳から一八歳までの全少年にヒトラー・ユーゲント活動が義務づけられた。

24 スヴェン・ライヒャルト。一九六七~。ドイツの歴史研究者。専門領域はファシズム、近現代の暴力など。

第2章

1 アルフレート・アンダーシュ。一九一四~八〇。ドイツの作家。一九三三年には共産主義活動のためダハウ強制収容所に収監される。一九四七年、民主主義国家ドイツの新生を支援する作家と出版者の「グループ47」を結成。

2 ペーター・ロンゲリヒ。一九五五~。ドイツのナチ研究者。

3 イアン・カーショー。一九四三~。英国の歴史家。二〇世紀ドイツ史、とりわけナチ、ヒトラー研究者として著名。邦訳のある主な著書に ***Hitler. 1889–1936. Hubris,*** 1998(邦訳『ヒトラー(上)一八八九~一九三六 傲慢』川喜田敦子訳、石田勇治監修、二〇一五)、***Hitler. 1936–45. Nemesis.*** 2000(邦訳『ヒトラー(下)一九三六~一九四五 天罰』福永美和子訳、石田勇治監修、二〇一六)、***The End. Germany 1944–45,*** 2011(邦訳『ナチ・ドイツの終焉 一九四四~四五』宮下嶺夫訳、二〇二一)、***To Hell and Back: Europe. 1914–1949,*** 2015(邦訳『地獄の淵から――ヨーロッパ史 一九一四~一九四九』三浦元博、竹田保孝訳、二〇一七）、*Roller-Coaster. Europe. 1950–2017*, 2018（邦訳『分断と統合への試練――ヨーロッパ史 一九五〇〜二〇一七』三浦元博訳、二〇一九）などがある。邦訳はいずれも白水社。

4 ヨアヒム・フェスト。一九二六〜二〇〇六。ドイツのジャーナリスト。ナチを専門とし、ヒトラー、建築家で軍需相を務めたアルベルト・シュペーアの伝記などの著作がある。

5 北西ドイツ労働共同体。ナチ党の北部および西部の大管区の集合体。

6 オットー・シュトラッサー。一八九七〜一九七四。一九三〇年にナチを離党。ヒトラー政権発足後、海外へ亡命。

7 バンベルクの指導者会議。一九二六年二月にバイエルン州バンベルクで開かれたナチ党幹部会議。

8 アウグスト・シュナイトフーバー。一八八七〜一九三四。一九二五年、ナチに入党。「レーム事件」の際殺害される。

9 マンフレート・フォン・キリンガー。一八八六〜一九四四。エアハルト旅団、コンズル団の元メンバー。一九二八年、ナチ党と突撃隊に入る。「レーム事件」後、外交畑に移り、大使として赴任していたルーマニアのブカレストで赤軍入城後自殺。

10 ヴァルター・シュテンネス。一八九五〜一九八三。ナチ入党は一九二七年。一九三三年に中国へ亡命し、四九年に帰国。

11 ウルリヒ・ヘルベルト。一九五一〜。ドイツ近現代史、とりわけナチズム研究を専門とする歴史家。

12 ディナール人種。ハンス・ギュンターが六つに分類した「白人種」の一つ。とりわけバルカン半島に見られ、扁平な頭部が特徴とされる。

13 ファリック人種。ハンス・ギュンターが六つに分類した「白人種」の一つ。北欧と北西欧に見られ、長身、白桃色の膚、金髪碧眼を特徴とするという。

14 親衛隊結婚命令。親衛隊命令－A－第65号。

15 氏族共同体。古代ゲルマン社会は、氏族（ジッペ）と呼ばれる親族集団を単位としていた。これに基づく概念。ヒムラーは、親衛隊の氏族共同体を、ナチ支配下ヨーロッパの頂点に君臨する人種的エリート集団と構想していた。

16 ルドルフ・ヤーコプセン。一八九五～?。一九三三年、親衛隊に入隊。

第3章

1 世襲農場。非ユダヤ系、非「有色人種」系農場主による単独所有、規模七・五～一二五ヘクタールなどの要件を満たした農家を「世襲農場」に指定し、経営の細分化と負債による抵当流れを防ごうとした。

2 ヨアヒム・ツェーザー。一九〇一～七四。一九三一年ナチ党と突撃隊に入り、三三年六月親衛隊に移籍。一九四二年から四五年一月までアウシュヴィッツ強制収容所で勤務。

3 ハインリヒ・トーレ。一九〇七～?　一九三三年ナチに入党、三四年親衛隊に入隊。

4 フリッツ・シュヴァルム。一九一〇～八五。一九二九年ナチ学生同盟、ナチ党、突撃隊に入り、三二年親衛隊に移籍。

5 ヘルマン・デートホフ。一九〇八～四三。親衛隊大佐。

6 エーリヒ・シュパールマン。一九〇七～?　一九二七年ナチに入党、二九年突撃隊より親衛隊に移籍。

7 フリッツ・ヴァイツェル。一九〇四～四〇。一九二四年突撃隊に参加、二五年ナチに入党、二六年親衛隊に入隊。英国空軍によるデュッセルドルフ空襲で死亡。

8 バルドゥーア・フォン・シーラハ。一九〇七～七四。一九二五年ナチ党と突撃隊に入り、二八年ナチ学生同盟指導者、三一年ヒトラー・ユーゲント全国指導者、三三年全国青少年指導者に就任。

9 ヨハン・ゲルハルト・ベーレンス。一八八九〜一九七九。ザクセン・アンハルトの福音派教会牧師。

10 カール・フリードリヒ・ヴィルヘルム・エーヴェルス。一八九七〜一九六七。ザクセン・アンハルトの福音派教会牧師。

11 三月の入党者。一九三三年一月三〇日のヒトラー政権樹立と同年三月の国会選挙でのナチの圧勝を目の当たりにして、三月、ナチ入党希望者が殺到した。

12 ユルゲン・マテーウス。一九五九〜。とくにホロコーストを専門とするドイツの歴史研究者。

13 「光の年」の開始ないし頂点。昼間が最も短い冬至の翌日は、その日から昼間の時間が延びていくので、「光に向かう月日」の開始日であり、昼間が最も長い夏至がその頂点にあたる。

14 北方運動。ドイツ国民内での「北方人種」の優位を主張し確立しようとする運動。一九二〇年代半ばに成立。

15 アルタマーネン協会。農本主義と民族至上主義を掲げる青年運動。一九二三年創設。

16 ハンス・モムゼン。一九三〇〜二〇一五。ドイツ現代史家、ナチ研究者。

17 アーネンエルベ。「祖先の遺産」という意味。

18 トゥーレ。ヨーロッパの古典に記され、北欧にあったと言われる伝説の島。

19 アトランティス。大西洋に存在し、一万二〇〇〇年前に沈んだという伝説の大陸。

20 「ウラ・リンダ年代記」。紀元前二一九四年から紀元八〇三年に至る古代ヨーロッパの歴史、神話、宗教について記した古文書集と称される偽書。

21 ヘーゼビュー。九〜一一世紀頃ユトランド半島南部に存在したヴァイキングの定住地。

22 魔女狩り特別調査。ヒムラーの命令で一九三五年から四四年まで継続したプロジェクト。中世以来の魔女裁判資料を大量に収集した。

23 ミヒャエル・カーター。一九三七〜。ドイツ系カナダ人の歴史家、ナチ研究者。著書に *Das 《Ahnenerbe》 der SS 1935-1945. Ein Beitrag zur Kulturpolitik des Dritten Reiches.* 邦訳『SS先史遺産研究所アーネンエルベ――ナチスのアーリア帝国構想と狂気の学術』森貴史監訳（ヒカルランド、二〇二〇）。

24 レーベンスボルン。「生命の泉」という意味。

25 生殖命令。全親衛隊と警察に宛てた命令。父親が出征中は、あるいは戦死しても、国家が子どもの面倒を見るので、婚外子であろうと「良き血」の子どもを心置きなく大勢儲けることが、親衛隊員とそのパートナーの責務であるという主旨。

26 レーベンスシュプーレン。「生の軌跡」という意味。

第4章

1 発砲命令。すべての政敵に情け容赦なく銃器を使用せよという一九三三年二月一七日発令の警察命令。

2 議事堂炎上令。正式名称は「国民と国家を防衛するための大統領緊急令」。

3 保護検束。警察はこれを「口実」として司法手続きなしに被疑者を逮捕した。

4 百人隊。軍隊、警察の約一〇〇人で編制される部隊。起源は古代ローマ、古代ゲルマンの軍制にある。

5 ヨーゼフ・ビュルケル。一八九五〜一九四四。一九二一年ナチに入党。一九二六年以降大管区指導者などの要職を歴任。

6 プリーモ・レーヴィ。一九一九〜八七。ユダヤ系イタリア人の化学技師、作家。一九四三年末、抵抗活動のため逮捕され、四四年二月、アウシュヴィッツに移送。生還後、アウシュヴィッツでの体験の記

録 *Se Questo è un Uomo* を発表（初版一九四七、第二版一九五八。邦訳『これが人間か』竹山博英訳、朝日新聞出版、二〇一七）。

7 ヴォルフガング・ゾフスキー。一九五二〜。ドイツの社会学者。著者に *Die Ordnung des Terrors. Das Konzentrationslager*, 1993（『恐怖の秩序―強制収容所』）。

8 「レーム一揆」。一九三四年六月三〇日から七月二日にかけてのレーム事件のこと。「長いナイフの夜」とも。第2章32〜33頁参照。

9 ギュンター・ネリバ。一九二五〜二〇一二。ドイツの歴史家。歴史とドイツ語の高校教員を退職後、ナチズムに関する著作を発表。

10 『テロの現場』。Benz, Wolfgang und Distel, Barbara (Hg.), *Der Ort des Terrors. Geschichte der nationalsozialistischen Konzentrationslager*, 2005–2009（『テロの現場――ナチ強制収容所の歴史』）。

11 エルンスト・フレンケル。一八九八〜一九七五。ユダヤ系ドイツ人の法律家、政治学者。一九三八年英国に、三九年米国に亡命。一九四一年ナチ体制の構造を分析した *The Dual State*（邦訳『二重国家』中道寿一訳、ミネルヴァ書房、一九九四）を出版。一九五一年西ドイツに帰国。

12 ミヒャエル・ヴィルト。一九五四〜。二〇世紀ドイツ史、とりわけナチズムを専門とするドイツの歴史家。

13 「保守革命」。ここでの「保守革命」は、ヴァイマル共和制を否定し、ナショナリズムとドイツ独自の社会主義を標榜する思想的立場。

14 ボックスハイム文書事件。ヴェルナー・ベストが起草した詳細なクーデタ計画。一九三一年八月ボックスハイマーホーフという屋敷で開かれたヘッセン・ダルムシュタット大管区の会議で協議された。同年一一月に警察が知るところとなる。

15 カリン・オルト。一九六三〜。ナチの強制収容所研究で著名なドイツの歴史家。著書に *Die*

Konzentrationslager-SS. Sozialstrukturelle Analysen und biographische Studien, 2000（『ＳＳ強制収容所——社会構造分析と伝記的研究』）ほか。

第５章

1 「生存圏」。自給自足が可能になる支配領域。ナチにおいては植民地化したポーランド、ソ連領を指した。
2 「ゲルマン化」。征服した土地から元の住民を排除し、ドイツ人を入植させることを意味した。
3 一九三六年の四ヵ年計画。四年後にドイツの軍隊と経済が戦争を遂行できるよう、四年以内にとくに重要な原料の自給自足を達成することを目的としていた。
4 ベルント・ヴェークナー。ドイツの歴史家。一九四九〜。主著の ***Hitlers politische Soldaten. Die Waffen-SS 1933-1945***（『ヒトラーの政治的兵士たち——武装親衛隊　一九三三〜一九四五』）は、初版が一九八二年に、第九版が二〇一〇年に出ている。
5 フェードア・フォン・ボック。一八八〇〜一九四五。オーストリア併合（一九三八年）、ポーランド（三九年）、フランス（四〇年）、ソ連（四一年〜）侵攻の際の指揮官の一人。一九四〇年に陸軍元帥。ホルシュタインで英国空軍機の銃撃により死亡。
6 親衛隊戦闘団ノルトの軍事的敗北。一九四一年二月末に編制されてフィンランド経由でソ連攻撃に送られた。七月初めフィンランド北部サッラでの戦いで、隊員の大部分が捕虜になるなど大損害を被り、ここでの「軍事的敗北」はそれを指す。
7 イエンス・ヴェステマイヤー。一九六六〜。軍事史とナチ期が専門のドイツの歴史家、作家。
8 ヨッヘン・パイパー。一九一五〜七六。一九三四年一月親衛隊に、三八年ナチに入る。第二次世界大戦期、ヒムラーの副官を務める。第６章１８０頁も参照。

9 ハンス・ザフリアン。一九五二〜。ホロコースト研究が専門のオーストリアの歴史家。

10 ダニエル・ジョナ・ゴールドハーゲン。一九五九〜。米国の政治学者。一九九六年に出版された *Hitler's Willing Executioners. Ordinary Germans and the Holocaust*（邦訳『普通のドイツ人とホロコースト――ヒトラーの自発的死刑執行人たち』望田幸男監訳、ミネルヴァ書房、二〇〇七）はベストセラーになった。

11 クリストファー・ブラウニング。一九四四〜。米国のドイツ現代史、とりわけホロコーストの研究者。ここの記述における「普通の人々」は、一九九二年刊行の著書 ***Ordinary Men: Reserve Police Battalion 101 and the Final Solution in Poland*** のタイトルから取られている（改訂版が二〇一七年に刊行。この改訂版の訳書は『増補 普通の人びと――ホロコーストと第101警察予備大隊』谷喬夫訳、ちくま学芸文庫、二〇一九）。ブラウニングが取り上げた第一〇一警察予備大隊は、註10にあげたゴールドハーゲンの著書でも考察対象にされている。

12 リュドミラ・ポリシュチュク。ユダヤ系ウクライナ人。生年不詳。彼女は母に抱かれて、銃撃を受ける直前に穴のなかに飛び込み、積み上がってくる遺体の下に隠れて、兵士たちが立ち去ったのちに二人で逃げ出し、生きのびることができた。

13 防衛戦争。第一次世界大戦後に成立したセルブ＝クロアート＝スロヴェーン王国（一九二九年にユーゴスラヴィア王国と改称）とオーストリアの国境画定をめぐり、オーストリア南部のケルンテン州に攻勢をかけるスロヴェニア人部隊とオーストリアの自警団との戦い。

14 オーストリアの「闘争期」。オーストリア・ナチが禁止された一九三三年六月からナチ・ドイツがオーストリアを併合した三八年三月までの期間。

15 ヨーゼフ・メンゲレ。一九一一〜七九。彼の「実験」の犠牲者の多くはユダヤ人とロマの児童、とりわけ双生児だった。終戦後ドイツ国内に潜伏し、一九四九年南米に逃亡、七九年ブラジルで死亡した。ただし、最終的に死亡が確認されたのは一九九二年だった。

16 「特別作戦1005」。ユダヤ人大量殺害を隠蔽するため、一九四二年六月から四四年末にかけて実施された。「死体発掘作戦」ともいう。

第6章

1 ホルスト・ペルクマン。一九〇四～七五。ドイツの外交官、法律家。ナチ自動車軍団(NSKK)のメンバー。

2 ハンス・ガヴリク。一九〇四～?。ドイツの法律家、官吏。一九三三年ナチに入党。

3 騎兵親衛隊。一般親衛隊の騎兵部隊。強制収容所の管理にあたった部隊もあり、戦争犯罪やホロコーストに関与していたにもかかわらず、ニュルンベルク国際軍事裁判で有罪にならなかった理由ははっきりしない。

4 非ナチ化。ニュルンベルク国際軍事裁判に加えて、米英仏ソの四つの占領地区それぞれで開かれた軍事裁判、土地改革(とりわけソ連占領地区)、カルテル解体、人事の粛清など、ナチ関係者を排除し、ナチ体制を支えた社会経済構造を改革しようとしたこと。

5 ラルフ・ジョルダーノ。一九二三～二〇一四。ドイツのジャーナリスト、作家。著書に***Die zweite Schuld oder von der Last Deutscher zu sein***, 1987(邦訳『第二の罪――ドイツ人であることの重荷』永井清彦、片岡哲史、中島俊哉訳、白水社、二〇〇五)がある。

6 ハンス・ブーフハイム。一九二二～二〇一六。当初は古典文献学、古代史、哲学を専攻していたが、のちナチ体制期と第二次世界大戦直後の現代史に研究の重点を移した。

7　マルティン・ブローシャート。一九二六〜八九。ナチ・ドイツ研究の第一人者。一九七二〜八九年ミュンヘン現代史研究所の所長を務める。著書に *Der Staat Hitlers. Grundlegung und Entwicklung seiner inneren Verfassung*, 1969（『ヒトラーの国家——その内部構造の基礎と発展』）など。

8　ミュンヘン現代史研究所。一九四九年にナチ体制研究のためミュンヘンに設立され、一九九四年にベルリンにも研究部門が置かれた。現在では二〇世紀以降のドイツ史全般をヨーロッパ史、世界史との関連で研究している。連邦共和国とバイエルンなど七州が資金を提供する財団。

9　ハインリヒ・ヴェーフィング。一九六五〜。ドイツのジャーナリスト、作家。

10　クリスティアーン・リューター。一九三八〜。オランダの刑法学者、ナチ裁判の専門家。

11　付帯私訴。被害者が刑事裁判のなかで被告人に民事の損害賠償を請求できる手続き。

12　アロイス・フーダル。一八八五〜一九六三。ナチについては、「悪しき」ナチと「よき」ナチを区別、カトリック教会とナチの役割分担による共存を考えたようである。

13　ヘルマン・リュッベ。一九二六〜。ドイツの哲学者。著書に *Politische Philosophie in Deutschland. Studien zu Ihrer Geschichte*, 1963（邦訳『ドイツ政治哲学史——ヘーゲルの死より第一次世界大戦まで』（今井道夫訳、法政大学出版局、一九九八）、*Bewußtsein in Geschichten. Studien zur Phänomenologie der Subjektivität. Mach, Husserl, Schapp, Wittgenstem*, 1972（邦訳『歴史における意識——主観性の現象学のための研究　マッハ・フッサール・シャップ・ヴィトゲンシュタイン』（川島秀一ほか訳、晃洋書房、一九八八）がある。

14　クリスティーナ・ウルリヒ。ここで言及されている博士論文は Ulrich, Christina: *"Ich fuehl' mich nicht Mörder!". Die Integration von NS-Tätern in die Nachkriegsgesellschaft*, Darmstadt 2011（「『自分が人殺しだなんて思わない！』——ナチ加害者の戦後社会への統合」）。この論考は、一九六〇年代の裁判で有罪

判決を受けた、ホロコーストに従事した普通の親衛隊員を対象にしている。戦後の彼らの経歴から、裁判までに彼らがどのように自らの行為を弁明、正当化し社会復帰したか、戦後ドイツは彼らをどのようにして受容したかを描く。彼らの統合こそが、戦後ドイツがどのようにナチの過去と向き合ってきたかを解く鍵となるからだ。結論では、対象の一九名が、その直近の環境、家族、同僚、友人、知人、また政界、経済界から支援と連帯を享受できたことを示し、一九六〇年代にようやく本格的に始まった捜査や裁判もそうした状況を変えられなかったとする。ウルリヒの研究は、ナチズムの戦後史研究にこれまでにない重要な一石を投じた。

15 連邦刑事庁の『過去の影』に関する研究。Baumann, Immanuel（u.a.）, *Schatten der Vergangenheit. Das BKA und seine Gründungsgenaration in der frühen Bundesrepublik*, Köln: Luchterhand, 2011（『過去の影——連邦共和国初期における連邦刑事庁とその創設世代』）。

16 弁明書。シュタイナーの *Die Freiwilligen der Waffen-SS: Idee und Opfergang*, 1958（『武装親衛隊の志願兵——理念と犠牲』）とマイヤーの *Grenadiers*, 1957（『歩兵』）。

17 ユルゲン・ハーバーマス。一九二九〜。ドイツの哲学者、社会学者。ドイツの週刊新聞『ツァイト』（*Die Zeit*）（一九八六年七月一一日）に掲載された彼の論文 Eine Art Schadensabwicklung（「一種の損害賠償」）が、歴史修正主義（ユダヤ人絶滅政策の相対化）をめぐる「歴史家論争」の発端に。この論文を含む『近代 未完のプロジェクト』（三島憲一編訳、岩波現代文庫、二〇〇〇）のほか邦訳書多数。

18 ギュンター・グラス。一九二七〜二〇一五。ドイツの文学者。「グループ47」に参加。一九九九年ノーベル文学賞受賞。代表作にデビュー作 *Die Blechtrommel*, 1959（邦訳『ブリキの太鼓』高本研一訳、集英社文庫〈全三巻〉、一九七八。池内紀訳、河出書房新社、二〇一〇）など。

19 「共同責任テーゼ」。犯罪の責任を個々の犯罪者でなく、その者が所属する集団全体に帰する見解。

20 ヴィルヘルム・エマヌエル・ジュースキント。一九〇一～七〇。ドイツのジャーナリスト、作家。

21 ジェラルド・ライトリンガー。一九〇〇～七八。

22 ハンナ・アーレント。一九〇六～七五。ハノーファー生まれ。一九三三年パリへ、四一年米国へ亡命、五一年市民権を得る。米国の諸大学で教鞭を執り、著作活動。ニューヨークで没。邦訳のある主な著書に、ここで取り上げられている *Eichmann in Jerusalem. A Report on the Banality of Evil*, 1963（邦訳『イェルサレムのアイヒマン——悪の陳腐さについての報告』大久保和郎訳、みすず書房、一九六九）のほか、*The Origins of Totalitarianism*, 1951（邦訳『全体主義の起原』全三巻、大久保和郎ほか訳、同、一九七二～七四）、*Between Past and Future*, new and enlarged ed., 1968（邦訳『過去と未来の間——政治思想への8試論』引田隆也、齋藤純一訳、同、一九九四）、*On Revolution*, 1963（邦訳『革命論』森一郎訳、同、二〇二二〔独語版 *Über die Revolution*, 1994 に基づく〕）、*Men in Dark Times*, 1968（邦訳『暗い時代の人々』阿部齊訳、ちくま学芸文庫、二〇〇五）などがある。

23 ウルリヒ・ヘルベルト。第2章註11参照

24 ベッティーナ・シュタングネート。一九六六～。ドイツの哲学者。

25 『慈しみの女神たち』。実在の人物や史実を取り入れながら、元ナチ親衛隊将校が独ソ戦やホロコーストについて回想する仏語小説。仏ゴンクール賞、アカデミー・フランセーズ文学大賞を受賞、ベストセラーに。著者ジョナサン・リテルはユダヤ系米国人。邦訳『慈しみの女神たち』上・下（菅野昭正ほか訳、集英社、二〇一一）。

26 『イングロリアス・バスターズ』。ナチ・ドイツが占領する一九四四年のパリを主な舞台にした戦争映画。

27 『絶滅思想の先駆者』（*Vordenker der Vernichtung*）。ドイツのジャーナリスト、ナチズム研究者ゲッツ・アリーと、政治学者、歴史家ズザンネ・ハイムが一九九〇年に出版した共著のタイトル。

訳者あとがき

本書はドイツ、ミュンヘンの出版社C・H・ベック社の叢書「ヴィッセン」（知識）の一冊である。

ヴィッセンは歴史、政治、宗教、哲学、文学、語学、芸術、自然科学、医学など多岐にわたる分野を網羅し、一冊が百数十頁で構成されたペーパーバックである。専門的な内容を「短くかつわかりやすく――内容豊かにかつ読みやすく」（『ツァイト』紙）提供し、「その多彩なタイトルだけで、自己啓発を際限なく続けたい気にさせる」（『南ドイツ新聞』）ハンディーなシリーズだ。

この『ナチ親衛隊（SS）』は、「研究動向の精確な知見に基づく、短いが包括的な概説」（*Historische Zeitschrift, 2/2016*）、「非常に読みやすく、専門書として優れた著作」（*Archiv für Sozialgeschichte*（56）2016）という評価を得ている。

著者バスティアン・ハインは、一九七四年生まれのドイツ近現代史研究者。ミュンヘン＝ベルリン現代史研究所研究員を務めたこともある。二〇一一年レーゲンスブルク大学に受理された大学教員資格論文が、二〇一二年ミュンヘンの出版社 Oldenbourg Verlag から *Elite für Volk und Führer? Die Allgemeine SS und ihre Mitglieder 1925-1945*（『民族と総統のためのエリート？――一般親衛隊とその隊員たち一九二五～四五年』）として出版されている。

本書の内容に関連して、少し言及しておこう。第6章にあるように、第二次世界大戦後、西ドイツでは多くの元親衛隊員（武装親衛隊員を含む）が社会に復帰し、高い地位を得る者もいた。それが問題視されるようになったのは、一九八〇年代になってからである。背景には、国内では世代交代が進んだこと、国際的には冷戦が終結に向かっていたことがある。

すでに戦中および戦争終結直後、西側連合国とソ連のせめぎ合いがあったが、冷戦は、東西ドイツにおけるナチ体制の評価やナチ犯罪に関与した者の扱いに影響を及ぼした。

冷戦の進展に伴い、両ドイツでは大勢の元ナチが復権して、非ナチ化は全般的に不徹底に終わったと評価されているが、東ドイツ（ドイツ民主共和国）は、ヒトラーとナチは独占資本の走狗であり、自国は非ナチ化を経て、土地改革によりユンカーが消滅し、大企業は国有化され、ナチ・ドイツとは断絶した国家だと主張していた。

第5章に、武装親衛隊員が戦後、国防軍兵士と同様に「清廉潔白」だったと自称していたという記述がある。西ドイツでは長らく「清廉潔白な国防軍伝説」が流布していた。ヒトラーおよびナチと敵対関係にあり、彼らの犯罪を知らず、政治に無縁で、軍人としての義務を果たしたにすぎない国防軍像は、元軍人の回想録などを通じて広く受け入れられ、東西対立の激化により西ドイツ再軍備が実現するに至った国際関係も、この「伝説」を後押しした。

他方で、武装親衛隊はナチ親衛隊という犯罪組織ではなく国防軍の一翼だったと主張する「武装親衛隊神話」は、「国防軍伝説」も利用して、武装親衛隊の免罪を図るものである（芝健介『武装親衛隊とジェノサイド』有志舎、二〇〇八年、三頁）。

だが、一九六〇年代末以来の研究は、国防軍そのものがヒトラーと戦争目標を共有、ナチ・イデオロギーを受容し、対ソ絶滅戦争や戦争犯罪に関与していたことを立証してきた。その研究成果が一般にも周知されたのは、私立の研究機関ハンブルク社会研究所が一九九五～九九年にドイツとオーストリアの諸都市で開催した展覧会「絶滅戦争　国防軍の犯罪一九四一～一九四四年（*Vernichtungskrieg. Verbrechen der Wehrmacht 1941 bis 1944*）」だった。

「国防軍展覧会（*Wehrmachtsausstellung*）」と呼ばれたこの展示では、セルビアとソ連戦線で民間人、とくにユダヤ系市民と戦争捕虜の大量虐殺に国防軍が関与していたことを写真資料で示した。専門研究の成果を一般に伝える手段という点で、ヴィッセンのシリーズと通じるものがあるかもしれない。

「国防軍展覧会」は巡回展覧会だったが、第3章と最後で言及されている「ヴェーヴェルスブルク記念館」の展示「親衛隊のイデオロギーとテロ」は常設である。「親衛隊の城」と強制収容所が存在したヴェーヴェルスブルクに限らず、全般的な親衛隊の所業とその犠牲になった人々を記憶に留めるためのものである。

展示は、導入部に続いて、「親衛隊の社会構造と組織」「世界観―心性―犯罪」「北塔」「ヴェーヴェルスブルクの強制収容所」「過去との取り組み」というテーマ別になっており、カタログも購入できる。さらに、観覧ガイド、学習支援をはじめとするさまざまな企画が実施されている。詳細は同館のホームページを参照されたい（https://www.wewelsburg.de/de/; https://www.wewelsburg.de/en/）。

中央公論新社中公新書編集部の白戸直人さんと、「まえがき」と「解題」をご担当くださった東京女子大学名誉教授芝健介先生には、さまざまな問題に的確で貴重なご助力とご助言をいただいた。最後になったが記して感謝申し上げる。

二〇二三年九月

若林　美佐知

解題＋ナチ親衛隊研究の軌跡

芝健介

本書の価値と評価

バスティアン・ハイン『ナチ親衛隊（SS）』はさまざまな親衛隊研究の動向を踏まえて、論点や問題を多角的に検討、親衛隊の歴史について総合的考察を行っている。この解題では、本書の特質について、注目すべき問題・視角、あらためて解明された事実などを各章ごとに記述する。さらに、戦後における親衛隊研究について、概要を述べる。なお、著者バスティアン・ハインについては訳者あとがきを参照されたい。

第1章「闘争組織の目立たぬ発足」では、親衛隊の成立から初期までを描く。ヒトラーの政権掌握期以前、親衛隊は突撃隊に比べ、上品で垢ぬけた敬うべき存在だったなどということはないと強調、親衛隊＝ナチ・エリート、突撃隊（SA）＝ナチ大衆組織という単純な図式的理解を完全否定する。ヴァイマル期の警察もマスメディアも、両者を区別できなかったとしているが、街頭や広場での左翼との乱闘・衝突では、親衛隊の負傷者が突撃隊の一・五倍だったという指摘は、親衛隊のほうがむしろ草創期から際立った暴力性を持っていたことを暗示する。

第2章「ナチのなかでの特別意識」では、ハインリヒ・ヒムラーが全国指導者に就き、親衛隊で新展開が始まったことを主に伝えている。なかでもレーム事件＝突撃隊幹部粛清によって突撃隊から自立する、その三年前すでに、親衛隊を「北方人種」説という「人種教義」と結びつけることで、突撃隊からの自立・差異化を目指していたことを明解に示す。親衛隊が「北方人種」のなかでも、「厳選された人びとの精鋭」とした一九三一年六月の宣言に注目していることがきわめて特徴的である。

第3章「「黒色軍団」の人材とイデオロギー」では、レーム事件から三ヵ月後、ヒムラーが親衛隊の選抜基準を根本的に改め、入隊条件を厳格化した点に注意を促している。親衛隊が、全隊員を完璧に「ユダヤの血」と無関係にしようとする唯一のナチ組織となったと、本書はここで強調している。

第4章「警察組織の併呑」では、親衛隊独自の教育や祭祀にも言及する一方、従来重要視されながら不明瞭だった親衛隊と警察の融合の仕組みと過程を明解に語る。

新設の保安警察本部内の刑事警察が、ゲスターポ（秘密国家警察）と結びつけられ、ゲスターポは拡大する。地方警察・都市警察・地区警察を管轄下に置く新設の秩序警察本部も、一九三五〜三八年に一万五〇〇〇名の警察官を抱えるようになる。

また、親衛隊員は警察の新設の地位に就くことができ、親衛隊の採用基準に適合した秩序警察官は一般親衛隊が、保安警察官は保安部（SD）が受け入れていた。ホロコースト実行の人員的基礎となった親衛隊と警察の組織的融合過程を、本書は具体的に可視化している。

第5章「第二次世界大戦下の膨張」では、親衛隊を軸とするホロコーストの実践を新しい研究成果を踏まえて明らかにし、特に武装親衛隊の兵員募集状況も描く。

たとえば、一九四〇年の対仏戦開始前後には、七万二〇〇〇名の若い志願兵をエリート部隊とした武装親衛隊に加入させたが、戦争の熱狂はすぐに冷め、動員が困難になったことである。また、一九四四年七月二〇日のヒトラー暗殺未遂事件後、国内予備軍司令官に任命されたヒムラーは、一九二七、二八年生まれの青年たちを強制召集するが、敗戦前数ヵ月間のリクルートメントは、武装親衛隊の動員能力を証明した。他の研究では見過ごしてきた本書の重要なポイントの一つである。

第6章「戦後ドイツ社会と親衛隊」の原題は〈(Alibi einer Nation)〉(「国民のアリバイ」)である。この章タイトルは、イギリスの歴史家ジェラルド・ライトリンガーの有名な親衛隊研究タイトルからの借用だ。ライトリンガーは、戦後ドイツ人が親衛隊を「都合のよすぎるスケープゴート」にしたと嘆いた。本書の著者ハインも、戦後ドイツの戦争責任を考えるうえで、このことを本書で再提起したのかもしれない。

ニュルンベルク裁判は、親衛隊、その配下のゲスターポ/保安部(SD)を「犯罪的組織」と断罪した。だが、そのことが一般ドイツ国民一人ひとりの責任を不問にし、集団的責任を曖昧にさせたともいえる。さらに、親衛隊の過去とドイツ国民が真剣に対峙することを避けさせたともいえないか。

二〇一一年五月、直接殺害実行者でなくても、絶滅収容所の部署で勤務していれば、収容所を支える機能を果たしたとする被告人有罪判決が下された。デミャニュク裁判である。親衛隊の歴史と犯罪への司法的判断も一つの大きな曲がり角を迎えている。本書は、第6章で親衛隊の問題がいまなお現代ドイツの問題であると明記している。

敗戦直後の混乱のなかで

ナチ・ドイツによるヨーロッパ・ユダヤ人絶滅政策＝ホロコーストや、反ナチ・レジスタンスへの苛烈な弾圧を遂行する核《コア》だった親衛隊。彼らは、第二次世界大戦後、幹部のみならず末端隊員まで戦犯追及を免れず、潜伏・逼塞・沈黙を余儀なくされた。

一九四五年一一月に始まったナチ体制の指導者ら二二名を裁いたニュルンベルク裁判。親衛隊の代表ともいえる被告人となった元国家保安本部長官エルンスト・カルテンブルンナーは、「自分はいかなる戦争犯罪についても責任がない。治安機関としての義務を果たしたまでであり、ヒムラーの身代わりにされるのはごめんだ」と訴えた。

だが、親衛隊のイメージはすでに悪化していた。終戦前に米軍が解放した強制収容所では、たとえばミュンヘン郊外ダハウ収容所跡地でのように、拘束した親衛隊将校たちへの戦犯裁判がすでに開廷され、親衛隊による被収容者への虐待・殺害が告発、暴露されつつあったからだ。

カルテンブルンナーは、自らを弁護してくれるドイツ人はいないと悲観・絶望し、オーストリアやスイスなどドイツ語圏の他の地域に弁護人を探すしかないと思ったほどだった。カルテンブルンナーはニュルンベルク裁判で一九四六年一〇月に絞首刑判決を受けるが、ゲスターポ含む親衛隊が「犯罪的組織」と断罪されることは、当初より予想されていた。

ニュルンベルク裁判の判決と同時期に*Der SS-Staat*『SS国家』が刊行された。カトリックのジャーナリストである著者のオイゲン・コーゴンはブーヘンヴァルト強制収容所に一九三九年から終戦時まで六年間も拘束されながら生きのびた。コーゴンはこの著書で、収容者の受難、拷問、刑罰、労働、衛生健康状態、容赦ない加害者たちの心性を描き出し、親衛隊支配下の強制収容所システムを克明に分析した。

終戦直後、『SS国家』は、ナチ体制について時宜を得た最初のアプローチだった。だが、本のタイトルとは裏腹に、この著作で親衛隊組織の全容が明らかになったわけではない。大戦直後の混乱の時代にそれはまだ難しかった。

ニュルンベルク裁判が終わっても、三つの親衛隊幹部裁判を含む一二のニュルンベルク継続裁判（一九四六〜四九年）が行われる。継続裁判を主導した米国のテルフォード・テイラー検察官は、晩年の裁判回想録*The Anatomy of the Nuremberg Trials*（『ニュルンベルク裁判の解剖』一九九二年）で、アウシュヴィッツや他の五つの絶滅収容所の実態はじめホロコーストの全貌について、裁判関係者でさえまったくの認識不足だったことを認めている。

全体主義論の台頭

連合国による戦犯裁判が終わり東西冷戦期になると、西側諸国ではナチ・ドイツについて全体主義論が広まっていく。それはヒトラーとごく少数の狂信的なナチ幹部による強制的支配が政治社会のすみずみにまで浸透していたとする見方だった。

全体主義論のなかで親衛隊は、恐怖政治を推進した暴圧装置であり、堅牢な一枚岩の結束を誇り、エリート集団としてヒトラーに忠誠を尽くして、ナチ・ドイツのなかで強大な権力を恣《ほしいまま》にした存在とされた。大部分のドイツ国民が、こうした親衛隊の暴力と抑圧にさらされていたと考えられた。

冷戦最盛期、イギリスの作家エドワード・クランクショー *Gestapo*（『ゲスターポ』一九五六年）やフランスの元レジスタンス闘士で歴史家ジャック・ドラリュ *Histoire de la Gestapo*（『ゲシュタポ・狂気の歴史』一九六八年）らによるゲスターポ研究が公刊される。そこでは、組織の裏側にある人間模様以上に、弾圧と拷問に狂奔した組織が民衆に与えた恐怖を描いている。ナチのテロ支配の道具だった秘密警察の影響をあらためて強調し、結果的に全体主義論を補強していた。

ナチ独裁下、殺戮を実行した将兵たち個人の責任については、ユダヤ人哲学者ハンナ・アーレントによる裁判傍聴報告『イェルサレムのアイヒマン』（一九六三年）で問題が世界的に議論されるようになった。彼女自身、ゲスターポに身柄拘束され取り調べを受けた体験があった。

アーレントが傍聴したのはエルサレムで行われたアイヒマン裁判（一九六一年）である。ナチ・ドイツ敗戦後、ゲスターポ・ユダヤ人課課長アドルフ・アイヒマンは、アルゼンチンに逃亡。裁判前年にイスラエルの情報機関に拘束されていた。

アイヒマンはこの裁判によって死刑に処されたが、公判中にギデオン・ハウスナー検察官は、被告人を「机上の殺人者」（ドイツではもっと一般化し「机上の犯罪者」）と呼んだ。これ以来、ユダヤ人絶滅政策を担ったアイヒマンのような政治警察官僚、ないしはテクノクラートたちを指すことばとなっていく。

官僚機構の職位と権限によって命令し、現場の人間に非道な犯罪を遂行させる。遠いどこかで行われている殺戮から目を背けながら、自分に課された事務仕事を淡々とこなす官僚の姿勢は、不快な仕事を末端に押しつける「下部への責任おしつけ」だった。アイヒマンは、職務上の立場から従わざるを得なかったと語ったが、彼が喚起しようとした「無力な歯車」イメージは、犯罪を政治の中枢に押しつける「上部への責任転嫁」をも意味していた。

鑑定書『親衛隊国家の解剖』

全体主義論が行き渡ると、ヒトラー独裁下の国民は第一の犠牲者とされ、ナチ体制を支えた普通の国民の責任は問われなくなっていった。さらには、アウシュヴィッツをはじめ六つの絶滅収容所に勤務した普通の親衛隊員、また、独ソ戦でゲスターポ・保安部を核とした行動部隊《アインザッツグルッペン》に参加した一般の警察官の責任も見逃されるようになる。

ただし、ニュルンベルク裁判を行う際につくられた国際軍事裁判憲章（一九四五年）第八条は、「被告人がその政府または上司の命令に従って行動したという事実は、被告人の責任を解除しない」と定めていた。つまり、上からの命令で犯罪を正当化しようとする被告人の弁明に釘を刺していた。

そのため、ユダヤ人虐殺などを理由に被告人席に座らせられた中下位の親衛隊員たちは、犯罪行為の弁明に「緊急避難」論を持ち出した。暴力や脅迫により行動を強いられ、それ以外に自らや家族の危難（緊急の危険状態）を回避する手段がなかった、だから責任は当然免除されるというロジックである。

戦後、連邦共和国（西ドイツ）のナチ裁判では、上司の命令を拒否すれば死刑や強制収容所送りなど厳罰に処されるため、逆らえなかったという緊急避難論の弁明が繰り返された。緊急避難状況にあったことを否定できなければ被告人の利益とされた。しかも主犯の幇助にすぎなかったことも認められれば、被告人は無罪か軽微の罰しか下されてこなかった。それが一九六三年の裁判から変わり始める。

一九六三年にアウシュヴィッツ収容所幹部への本格的な裁判が、ヘッセン検事長のフリッツ・バウアーの尽力で開廷される。このアウシュヴィッツ裁判では、ハンス・ブーフハイム、マルティン・ブローシャート、ヘルムート・クラウスニック、ハンス＝アドルフ・ヤーコプセンといった主にミュンヘン現代史研究所の歴史家による鑑定書『親衛隊国家の解剖』が提出された。この鑑定書は、殺害命令拒否が処罰や危難につながる状況が親衛隊内でほとんどなかったことを明らかにしていた。

しかし、この鑑定書が重要な証拠として採用されたものの、その後の裁判でも、実際には緊急状態になかった被告人が、自らの緊急状態について誤認していた点を検察側が被告人の責任と説得的に証拠づけられない限り、裁判所は厳罰の有罪判決を下さなかった。結局、ナチ・ドイツ最大のアウシュヴィッツ収容所では、歴史家ノルベルト・フライの推計によれば、累計七〇〇〇名を超える親衛隊員が活動していたにもかかわらず、司令官含む一〇〇人ほどの収容所幹部が処罰されただけだった。

だが鑑定書『親衛隊国家の解剖』は、親衛隊史研究に決定的影響を及ぼすことになる。以後、親衛隊については、単純に一括りにはできない、複雑な組織として拡大発展していった歴史への本格的なアプローチが始まったからだ。『親衛隊国家の解剖』は親衛隊研究を格段に深化させ、ホロコースト犯罪への親衛隊の重大な関与、責任の所在を詳細に跡付けていく契機となった。

多頭支配、非エリート集団という実態

一九六〇年代後半から、ナチ体制がヒトラーによる独裁でなく、さまざまな権力集団による「多頭支配」に基づいていたことが西ドイツ現代史学界では強く意識されるようになっていく。そして、親衛隊の研究では、組織内部や隊員たちの活動の実態が明らかにされていく。

ハインツ・ヘーネ *Der Orden unter dem Totenkopf*（『髑髏の結社・SSの歴史』一九六七

年）は、全国指導者ハインリヒ・ヒムラー下の親衛隊が、多頭支配的な権力闘争に終始していたことを詳細に明らかにした。イスラエルの歴史家シュロモ・アーロンソン *Reinhard Heydrich und die Frühgeschichte von Gestapo und SD*（『ハイドリヒと初期ゲスターポ・SD史』一九七一年）の研究も競合、対立、またそうした主導権争いが「ユダヤ人問題の最終解決」を急進化させていく様相を描く。ゲスターポと保安部双方を指揮したラインハルト・ハイドリヒが、悪魔的な超人などではなく、憐憫さえ誘う放埒《ほうらつ》な人物だったことも併記している。

また、親衛隊は貴族主導による一枚岩のエリート集団だったと人口に膾炙《かいしゃ》した伝説も、ベルント・ヴェークナー *Hitlers politische Soldaten*（『ヒトラーの政治的兵士たち』一九八二年）による武装親衛隊将校団研究や、親衛隊中将以上の親衛隊全国指導者会議に集まった面々（一七五名）に関する拙著『武装SS――ナチスもう一つの暴力装置』（一九九五年）によるプロソポグラフィ（特定集団総合経歴調査）によって実態が明らかになってきた。そこでは親衛隊員は、貴族より中下層出身者が圧倒的に多く、しかも異質の社会階層の集合体だった。親衛隊上層についてもまた、貴族階層中心という神話が解体されていく。

ウルリヒ・ヘルベルトは、ハイドリヒの右腕だったヴェルナー・ベストの画期的な評伝*Best*（『ベスト』一九九六年）を発表した。ベストは国家保安本部人事局長から、占領下フランス・パリで民政本部長に異動、一九四二年からはデンマークの実質的な総督として終戦までその地位にあり、戦後のデンマークでの裁判で一二年の禁錮刑を科されたものの、恩赦により釈放された人物である。ヘルベルトはベストを象徴的に描くことを通して、親衛隊の殺人エリートたちが第一次世界大戦と敗戦後の反革命運動参加によって、ナチズムの世界観実行への絶対的意思を育んだ、特有の「即物主義世代」の経験を明らかにしている。

二一世紀に入ると、ミヒャエル・ヴィルトは、ヘルベルトによるアプローチの影響を受けて、国家保安本部を研究した*Generation des Unbedingten*（『絶対の世代』二〇〇二年）を発表した。ヴィルトは、ユダヤ人の絶滅政策を推進した指導的専任官二二一名の履歴調査を行い、彼らがベルリン中央官庁でただ単にオフィスワークに専心していた「机上の犯罪者」ではなく、行動部隊《アインザッツグルッペン》の指揮官として東ヨーロッパやソ連各地の現場で銃殺に直接従事したことを明らかにした。彼らは頻繁に殺戮現場を視察して指示を出し、何より行動を重視していたと指摘する。

さらに、指導的専任官の彼らは、決して挫折したアウトサイダーではなく、若い法律家、ゲルマニスト（独語・独文学者）、歴史研究者、メディア学専門家など、ドイツ社会の中心にいた教養市民層の成功者だったことも明らかにした。

また、カナダの歴史家ロバート・ジェラテリー *The Gestapo and German Society*（『ゲスターポとドイツ社会』（一九九〇年）、*Backing Hitler*（『ヒトラーを支持したドイツ国民』二〇〇一年）やアメリカの歴史家エリック・ジョンソン *The Nazi Terror*（『ナチの恐怖支配』二〇〇〇年）によるゲスターポの地域研究が進む。それまでの秘密裡に人びとを監視・盗聴し、すべての情報を把握できていたというゲスターポのイメージが覆されていく。たとえば、各地の国家警察（ゲスターポ支部）は、すべての住民を把握できるほどスタッフ数は多くなく、住民たちの密告に頼らざるをえなかったこと、「ユダヤ人狩り」も八割が、住民情報に頼っていた都市があったことなどがわかってきている。単純未分化な秘密警察全能説は払拭されてきているのである。

一方、ドイツでは潜伏し戦後まで生きのびたユダヤ人が約五〇〇〇人いたと近年推定されている。彼らに隠れ家を提供し、食物や衣料を与え、考えられるすべての非合法手段を講じて匿《かくま》った無名の市民がドイツ全国に少なからず存在した。それは二万人と推計されるが、最近判明したこうした事実にも留意する必要がある。完全に追い詰められたユダヤ人と対面し、見て見ぬ振りができなかった「沈黙のヒーローたち」が、ナチ「民族共同体」における恐怖の強制収容所体制と監視密告社会のリスクをあえて背負ったことも忘れてはならない。

芝　健介（しば・けんすけ）
東京女子大学名誉教授。一九四七年愛媛県生まれ。東京大学法学部Ⅲ類（政治コース）卒業。一九八〇年東京大学大学院社会学研究科国際関係論博士課程単位取得退学。國學院大学助教授、東京女子大学教授、アジア太平洋研究センター客員教授などを経て、現職。著書に『武装SS』（講談社選書メチエ、一九九五年）、『ヒトラーのニュルンベルク』（吉川弘文館、二〇〇〇年）、『ホロコースト』（中公新書、二〇〇八年）、『武装親衛隊とジェノサイド』（有志舎、二〇〇八年）、『ニュルンベルク裁判』（岩波書店、二〇一五年）、『ヒトラー』（岩波新書、二〇二一年）がある。

主要図版出典一覧

Bundesarchiv, Bild 146-1982-159-21A / CC-BY-SA 3.0　p. 7
Bundesarchiv, Bild 183-S72707 / CC-BY-SA 3.0　p. 21
Bundesarchiv, Bild 146-1968-101-20A / Heinrich Hoffmann / CC-BY-SA 3.0　p. 23
Bundesarchiv, Bild 119-2608 / CC-BY-SA 3.0　p. 29上
Bundesarchiv, Bild 183-2007-1010-502 / CC-BY-SA 3.0　p. 29下
Bundesarchiv, Bild 102-14886 / CC-BY-SA 3.0　p. 33
Bundesarchiv, Bild 183-1989-0912-500 / CC-BY-SA　p. 37
Bundesarchiv, Bild 119-2179 / CC-BY-SA 3.0　p. 39
Bundesarchiv, Bild 183-S73321 / CC-BY-SA 3.0　p. 54
Bundesarchiv, Bild 183-S73507 / CC-BY-SA 3.0　p. 63
Bundesarchiv, Bild 183-2007-1205-500 / CC-BY-SA 3.0　p. 66
https://ww2gravestone.com/wp-content/uploads/2021/06/SS-Oberfuhrer_Karl_Maria_Wiligut.jpg　p. 73
https://eurasianist-archive.com/2017/04/13/herman-wirth-runes-great-yule-and-the-arctic-homeland/　p. 79
Bundesarchiv, Bild 146-1973-010-11 / CC-BY-SA 3.0　p. 85
Bundesarchiv, Bild 152-26-20 / CC-BY-SA 3.0　p. 91
Bundesarchiv, Bild 146-1974-160-13A / CC-BY-SA 3.0　p. 93
Bundesarchiv, Bild 146-1969-054-16　p. 100
https://stuki-druki.com/authors/muller-heinrich.php　p. 103
Bundesarchiv, Bild 101III-Alber-096-34 / Alber, Kurt / CC-BY-SA 3.0　p. 106
Bundesarchiv, Bild 183-J08517 / CC-BY-SA 3.0　p. 108
Bundesarchiv, Bild 183-B22627 / CC-BY-SA 3.0　p. 110
Bundesarchiv, Bild 102-17311 / CC-BY-SA 3.0　p. 117
Bundesarchiv, Bild 101III-Mielke-036-23 / Mielke / CC-BY-SA 3.0　p. 124
Dennis Nilsson, public domain　p. 131
Bundesarchiv, Bild 146-1968-034-19A / CC-BY-SA 3.0　p. 135
Bundesarchiv, Bild 146-2007-0188 / CC-BY-SA 3.0　p. 152
https://www.ulm.de/tourismus/stadtgeschichte/schicksalstage-und-orte/der-ulmer-prozess　p. 171
AP/アフロ　p. 173
ロイター/アフロ　p. 175
Ullstein Bild/アフロ　p. 184
Münchner Stadtmuseum, Sammlung Fotografie, Archiv Barbara Niggl Radloff　p. 188下
アフロ　p. 191
他は public domain

Smelser, Ronald und Syring, Enrico (Hg.): Die SS: Elite unter dem Totenkopf. 30 Lebensläufe, Paderborn u. a. 2000.
Stangneth, Bettina: Eichmann vor Jerusalem. Das unbehelligte Leben eines Massenmörders, Zürich u. a. 2011.
Ullrich, Christina: 《Ich fühl' mich nicht als Mörder!》. Die Integration von NS-Tätern in die Nachkriegsgesellschaft, Darmstadt 2011.
Wegner, Bernd: Hitlers Politische Soldaten. Die Waffen-SS 1933–1945, Paderborn u. a. [8]2008.
Weise, Niels: Eicke. Eine SS-Karriere zwischen Nervenklinik, KZ-System und Waffen-SS, Paderborn u. a. 2013.
Westemeier, Jens: Himmlers Krieger. Joachim Peiper und die Waffen-SS in Krieg und Nachkriegszeit, Paderborn u. a. 2014.
Wildt, Michael: Generation des Unbedingten. Das Führungskorps des Reichssicherheitshauptamts, Hamburg [2]2008.
Wilke, Karsten: Die 《Hilfsgemeinschaft auf Gegenseitigkeit》 (HIAG) 1950–1990. Veteranen der Waffen-SS in der Bundesrepublik, Paderborn u. a. 2011.

Koop, Volker: 《Dem Führer ein Kind schenken》. Die SS-Organisation Lebensborn e. V., Köln u. a. 2007.
Krausnick, Helmut und Wilhelm, Hans-Heinrich: Die Truppe des Weltan schauungskrieges. Die Einsatzgruppen der Sicherheitspolizei und des SD 1938–1942, Stuttgart 1981.
Longerich, Peter: Heinrich Himmler. Biographie, Berlin 2008.
Matthäus, Jürgen u. a. (Hg.): Ausbildungsziel Judenmord? 《Weltanschauliche Erziehung》 von SS, Polizei und Waffen-SS im Rahmen der 《Endlösung》, Frankfurt a. M. 2003.
Merkl, Franz Josef: General Simon. Lebensgeschichten eines SS-Führers. Erkundungen zu Gewalt und Karriere, Kriminalität und Justiz, Legenden und öffentlichen Auseinandersetzungen, Augsburg 2010.
Mühlenberg, Jutta: Das SS-Helferinnenkorps. Ausbildung, Einsatz und Entnazifizierung der weiblichen Angehörigen der Waffen-SS 1942–1949, Hamburg 2011.
Orth, Karin: Das System der nationalsozialistischen Konzentrationslager. Eine politische Organisationsgeschichte, Hamburg 1999.
Orth, Karin: Die Konzentrationslager-SS. Sozialstrukturelle Analysen und biographische Studien, Göttingen 2000.
Riedel, Dirk: Ordnungshüter und Massenmörder im Dienst der 《Volksgemeinschaft》. Der KZ-Kommandant Hans Loritz, Berlin 2010.
Rohrkamp, René: 《Weltanschaulich gefestigte Kämpfer》. Die Soldaten der Waffen-SS 1933–1945, Paderborn u. a. 2010.
Schulte, Jan Erik: Zur Geschichte der SS. Erzähltraditionen und Forschungsstand, in: ders. (Hg.): Die SS, Himmler und die Wewelsburg, Paderbornu. a. 2009, S. XI–XXXV.
Schulte, Jan Erik: Zwangsarbeit und Vernichtung: Das Wirtschaftsimperium der SS. Oswald Pohl und das SS-Wirtschafts-Verwaltungshauptamt 1933–1945, Paderborn u. a. 2001.
Schwarz, Gudrun: Eine Frau an seiner Seite. Ehefrauen in der 《SS-Sippengemeinschaft》, Hamburg 1997.
Segev, Tom: Die Soldaten des Bösen. Zur Geschichte der KZ-Kommandanten, Hamburg 1992.

参考文献

Angrick, Andrej: Besatzungspolitik und Massenmord. Die Einsatzgruppe D in der südlichen Sowjetunion 1941–1943, Hamburg 2003.
Benz, Wolfgang und Distel, Barbara (Hg.): Der Ort des Terrors. Geschichte der nationalsozialistischen Konzentrationslager, 5 Bände, München 2005–2007.
Birn, Ruth Bettina: Die Höheren SS- und Polizeiführer. Himmlers Vertreter im Reich und in den besetzten Gauen, Düsseldorf 1986.
Buchheim, Hans, Broszat, Martin, Jacobsen, Hans-Adolf und Krausnick, Helmut: Anatomie des SS-Staats, München ^{8}2005.
Cüppers, Martin: Wegbereiter der Shoah. Die Waffen-SS, der Kommandostab Reichsführer-SS und die Judenvernichtung 1939–1945, Darmstadt 2005.
Dams, Carsten und Stolle, Michael: Die Gestapo. Herrschaft und Terror im Dritten Reich, München 2008.
Gerwarth, Robert: Reinhard Heydrich. Biographie, München 2011.
Hein, Bastian: Elite für Volk und Führer? Die Allgemeine SS und ihre Mitglieder 1925–1945, München 2012.
Heinemann, Isabel: 《Rasse, Siedlung, deutsches Blut》. Das Rasse- und Siedlungshauptamt der SS und die rassenpolitische Neuordnung Europas, Göttingen 2003.
Herbert, Ulrich: Best. Biographische Studien über Radikalismus, Weltanschauung und Vernunft 1903–1989, Bonn ^{5}2011.
Höhne, Heinz: Der Orden unter dem Totenkopf. Die Geschichte der SS, Gütersloh 1967.
Ingrao, Christian: Hitlers Elite. Die Wegbereiter des nationalsozialistischen Massenmords, Berlin 2012.
Kaienburg, Hermann: Die Wirtschaft der SS, Berlin 2003.
Kater, Michael H.: Das 《Ahnenerbe》 der SS 1935–1945. Ein Beitrag zur Kulturpolitik des Dritten Reiches, München ^{4}2006.
Koehl, Robert Lewis: The Black Corps. The Structure and Power Struggles of the Nazi SS, Madison 1983.

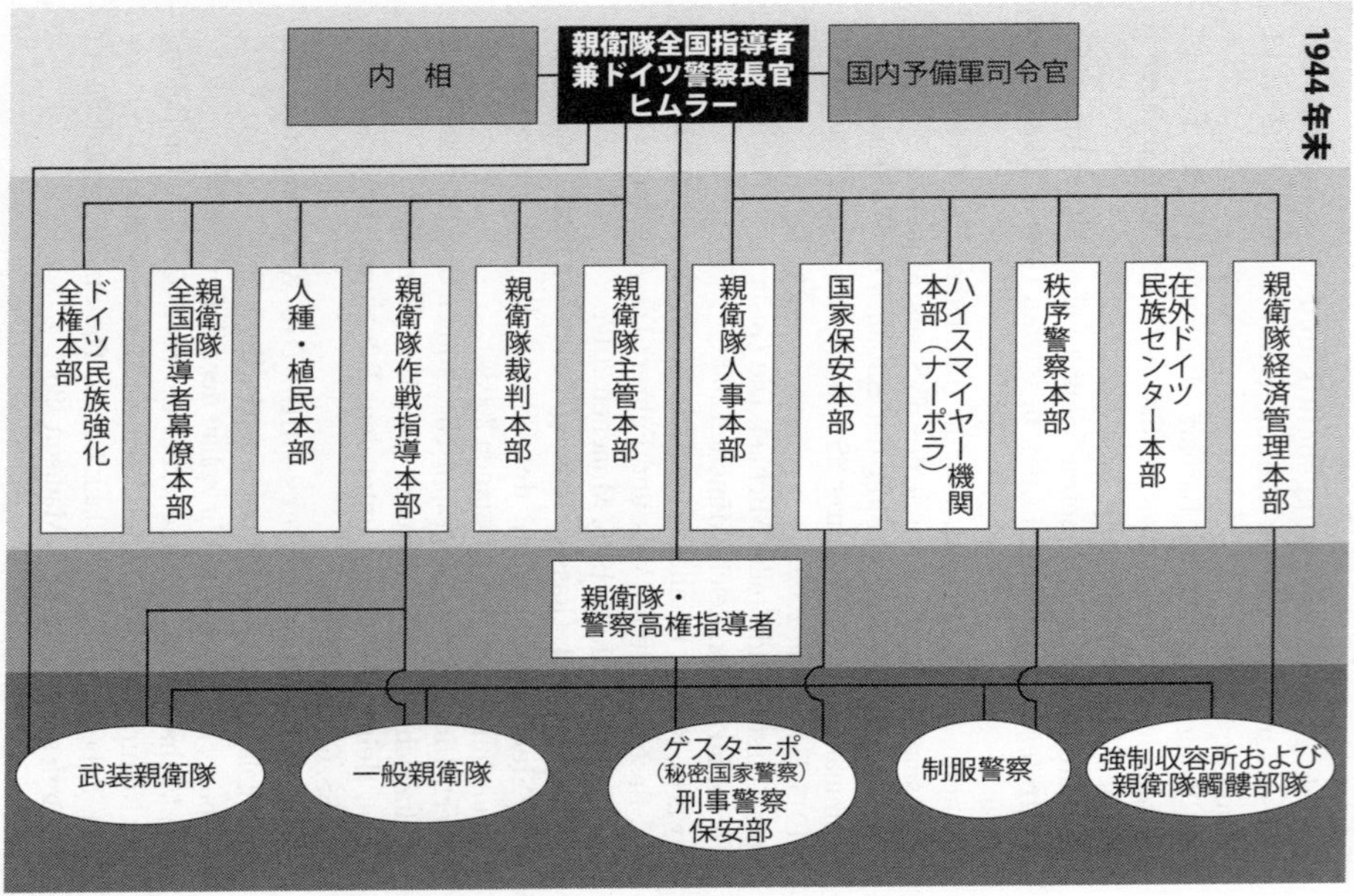
1944 年末
内　相
親衛隊全国指導者
兼ドイツ警察長官
ヒムラー
国内予備軍司令官
ドイツ民族強化全権本部
親衛隊全国指導者幕僚本部
人種・植民本部
親衛隊作戦指導本部
親衛隊裁判本部
親衛隊主管本部
親衛隊人事本部
国家保安本部
ハイスマイヤー機関本部（ナーポラ）
秩序警察本部
在外ドイツ民族センター本部
親衛隊経済管理本部
親衛隊・
警察高権指導者
武装親衛隊
一般親衛隊
ゲスターポ
（秘密国家警察）
刑事警察
保安部
制服警察
強制収容所および
親衛隊髑髏部隊

ナチ親衛隊組織の変遷図

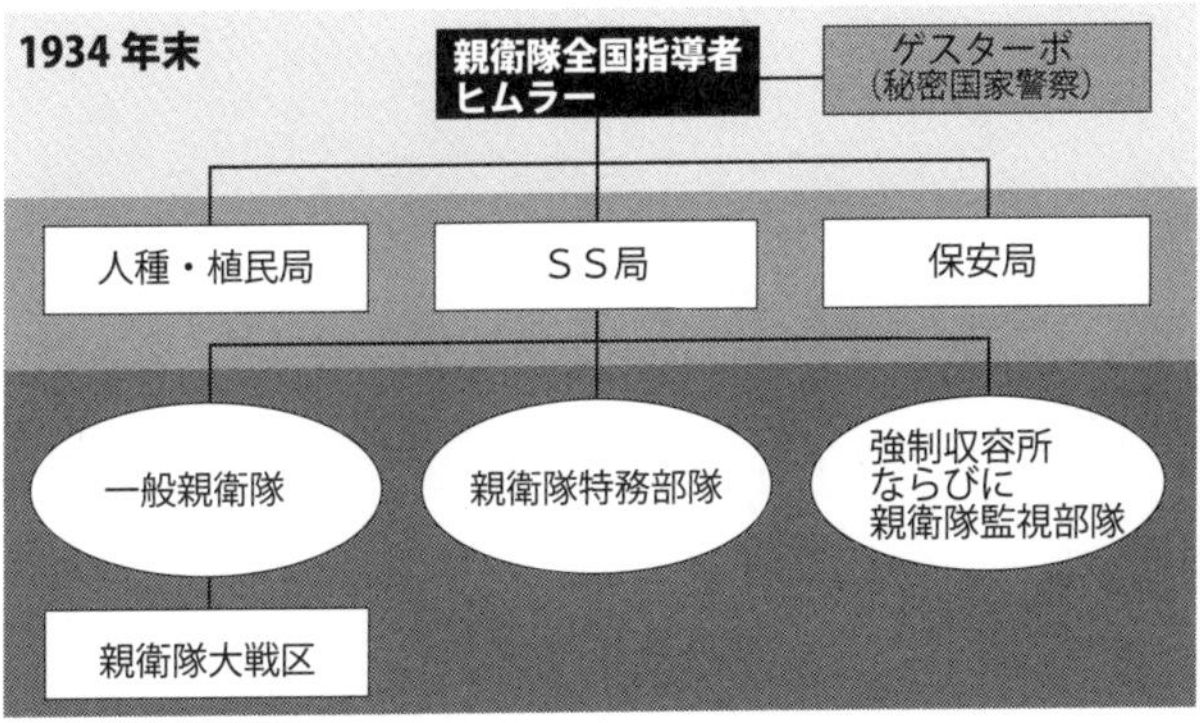
1934年末
親衛隊全国指導者
ヒムラー
ゲスターポ
（秘密国家警察）
人種・植民局
ＳＳ局
保安局
一般親衛隊
親衛隊特務部隊
強制収容所
ならびに
親衛隊監視部隊
親衛隊大戦区

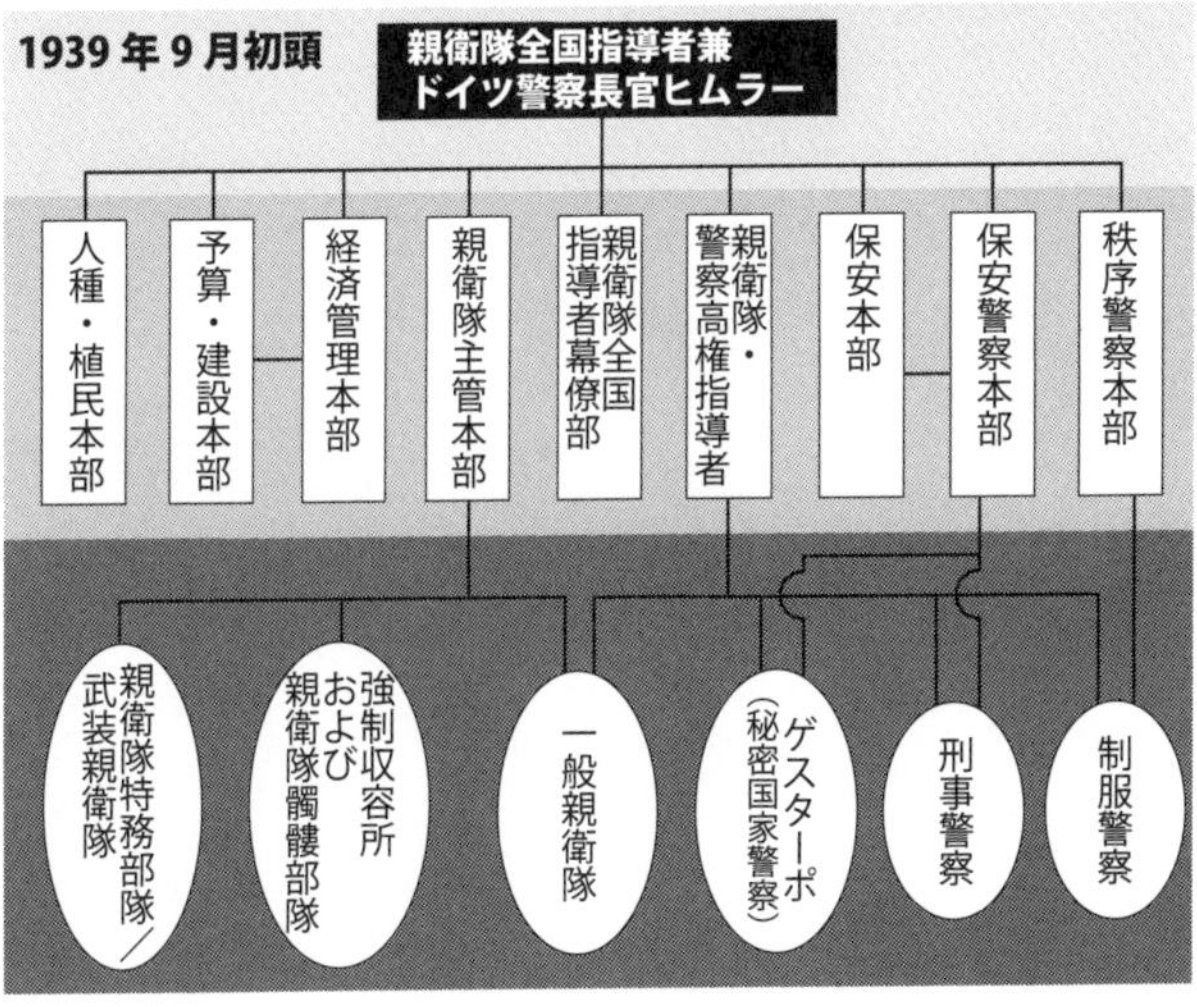
1939年9月初頭
親衛隊全国指導者兼
ドイツ警察長官ヒムラー
人種・植民本部
予算・建設本部
経済管理本部
親衛隊主管本部
親衛隊全国指導者幕僚部
親衛隊・警察高権指導者
保安本部
保安警察本部
秩序警察本部
親衛隊特務部隊／武装親衛隊
強制収容所および親衛隊髑髏部隊
一般親衛隊
ゲスターポ（秘密国家警察）
刑事警察
制服警察

			の強制収容所に向かわせる「死の行進」
	4	11	米軍，ブーヘンヴァルト強制収容所を解放
	4	15	英軍，ベルゲン＝ベルゼン強制収容所を解放
	4	29	米軍，ダハウ強制収容所を解放
	4	30	ヒトラー自殺
	5	5	米軍，マウトハウゼン強制収容所を解放
	5	7	～9日　独軍，無条件降伏
	5	23	ヒムラー自殺
	11	20	～1946年10月1日　ニュルンベルク国際軍事裁判
1946	10	25	～1949年4月14日　ニュルンベルク継続裁判
			オイゲン・コーゴン『ＳＳ国家』刊行
1949	5	23	ドイツ連邦共和国（西ドイツ）基本法発効
	10	7	ドイツ民主共和国（東ドイツ）建国
			ミュンヘンに現代史研究所設立
1955	5	5	西ドイツ再軍備
1956			ジェラルド・ライトリンガー『親衛隊――国民のアリバイ』刊行
1958	3		～8月　ウルム行動部隊裁判
			ルートヴィヒスブルクにナチ犯罪追及センター設立
1961	4	11	～12月　エルサレムでアイヒマン裁判
1963			ハンナ・アーレント『イェルサレムのアイヒマン――悪の陳腐さについての報告』刊行
	12	20	～1965年8月20日　アウシュヴィッツ裁判
1979			西ドイツで謀殺罪の公訴時効廃止
1985	5	5	ビットブルク事件
1986			歴史家論争
1990	10	3	ドイツ統一
1995	1	29	～99年　国防軍展覧会（「絶滅戦争　国防軍の犯罪1941～1944」），独墺各地を巡回
2006			ギュンター・グラス，武装親衛隊戦車師団入隊を告白
2009	7		～11年5月　デミャニュク裁判

出典：芝健介『ホロコースト』（中公新書，2008年）を基に訳者作成

	11	3	マイダネク絶滅収容所で1万7000名のユダヤ人銃殺
	11	28	～12月1日　テヘラン会談（チャーチル，ローズヴェルト，スターリンが欧州第二戦線構築などを協議）
	11		トレブリンカ絶滅収容所を閉鎖，解体
1944	3	19	独軍，ハンガリー占領
	4	7	アウシュヴィッツ収容所脱走のルドルフ・ウルバら2名，大量殺戮情報を連合国に伝える
	5	15	独，ユダヤ系ハンガリー人の集団移送開始．7月9日までに約45万名，大半がアウシュヴィッツ収容所へ
	6	4	連合軍，ローマ占領
	6	6	連合軍，ノルマンディーに上陸
	6	10	武装親衛隊，オラドゥール・シュル・グラヌ（フランス）の住民642名を殺害
	7	20	ヒトラー暗殺未遂事件
	7	23	ソ連軍，マイダネク絶滅収容所を解放
	7	24	ソ連軍，ルブリン解放
	8	7	～30日　ウーチ・ゲットーの解体．アウシュヴィッツへユダヤ人7万4000名移送
	8	22	連合軍，アウシュヴィッツ収容所空爆開始
	8	25	連合軍，パリ解放
	9	3	アンネ・フランク，アウシュヴィッツ収容所へ移送
	10	7	アウシュヴィッツ収容所でユダヤ人武装蜂起
	11	26	アウシュヴィッツ収容所で最後のユダヤ人「選別」
1945	1	6	アウシュヴィッツ収容所で最後の「処刑」
	1	17	ソ連軍，ワルシャワ解放
	1	18	アウシュヴィッツ収容所から囚人6万6000名が独へ向かう「死の行進」開始
	1	20	アウシュヴィッツ収容所で最後のクレマトリウム爆破
	1	27	ソ連軍，アウシュヴィッツ収容所を解放
	2	3	ソ連軍，ブダペスト解放
	2	4	ヤルタ会談
	2		～4月　ソ連軍侵攻地域の収容所から，収容者を独内

	2	24	ヘウムノ絶滅収容所へウーチ・ゲットーから3万人以上移送．4月2日までに全員をガス殺
	3	1	ソビブル絶滅収容所建設開始
	3	17	ベウジェツ絶滅収容所始動
	3	20	アウシュヴィッツ＝ビルケナウ収容所でユダヤ人のガス殺開始．絶滅収容所化へ
	3	28	仏のユダヤ人移送開始
	5	7	ソビブル絶滅収容所始動
	5	27	ハイドリヒ襲撃される（6月4日死亡）
	7	15	オランダのユダヤ人移送開始
	7	17	～19日　ヒムラー，アウシュヴィッツ，ベウジェツ，ソビブル各絶滅収容所訪問．以後，大量殺戮が恒常化
	7	19	ヒムラー，総督領内のユダヤ人の抹殺を指示
	7	22	ワルシャワ・ゲットーからトレブリンカ絶滅収容所への大量移送開始
	7	23	トレブリンカ絶滅収容所始動
	10		マイダネク絶滅収容所でガス殺開始
1943	2	2	独軍，スターリングラードで降伏
	3	22	アウシュヴィッツ収容所でクレマトリウムⅣ（ガス室＋焼却炉）が始動，以後6月までに4施設が始動
	4	19	米英によるユダヤ人問題討議「バミューダ会議」開催
	4	19	～5月16日　ワルシャワ・ゲットー蜂起
	5	13	北アフリカの独伊軍降伏
	8	2	トレブリンカ絶滅収容所で，ユダヤ人武装蜂起
	8		グロボチュニク，ルブリンから異動
	9	8	イタリア，連合軍に降伏
	9	19	武装親衛隊，ボーヴェス（イタリア，ピエモンテ近郊）の住民24名を殺害
	10	13	イタリア，独に宣戦布告
	10	14	ソビブル絶滅収容所でユダヤ人武装蜂起
	10	19	「ラインハルト作戦」終了
	10	30	連合国の「モスクワ宣言」

	7	1	独軍，リガ占領，7月末までにユダヤ人1万8000名殺害．行動部隊D，ベッサラビアで作戦開始．8月末までにユダヤ人約15万人を殺害
	7	27	～9月29日　プリピャチ湿原（ベラルーシ）掃討作戦（ユダヤ人約3万5000名殺害）
	7	31	ハイドリヒ，ユダヤ人問題全面解決準備全権に就任
	8	15	ヒムラー，ネーベに射殺以外の殺害方法検討を依頼
	8	24	教会などの抗議で障害者の「安楽死」作戦，公式には中止
	9	1	独墺内ユダヤ人に黄色い星着用義務づけ
	9	3	（5日？）アウシュヴィッツ収容所でツィクロンBによる殺害実験（ソ連兵捕虜など900人）
	9	8	レニングラード包囲開始
	9	17	大ドイツ国家領域内のユダヤ人移送開始
	9	26	独軍，キーウ占領
	9	29	～30日　「バビ・ヤールの虐殺」（キーウ近郊でユダヤ人3万3771名を殺害）
	10	13	「ラインハルト作戦」開始．ヒムラー，ベウジェツ絶滅収容所の建設をグロボチュニクに委任
	10		アウシュヴィッツ収容所内に大量殺戮を目的としたビルケナウ収容所建設開始
	10		独国内のユダヤ人，出国禁止
	11	1	ベウジェツ絶滅収容所建設開始
	11	30	「リガの血の日曜日」．ユダヤ人約4000人を殺害
	12	8	ヘウムノ絶滅収容所でガス・トラックによる殺戮始動（～1943年4月7日）
	12	11	日本の真珠湾攻撃を受け，米に宣戦布告
	12	15	モスクワ前面から敗退
1942	1	16	ヘウムノ絶滅収容所へウーチ・ゲットーから1万人以上移送．1月29日に全員殺害
	1	20	ヴァンゼー会議．ユダヤ人の全面追放から計画的大量殺戮への政策転換を確認

	4	9	独軍，デンマークとノルウェーに侵攻
	4	15	独国内，障害者施設内ユダヤ人を拘束，6月から殺害
	4	20	ヒムラー，アウシュヴィッツに一大強制収容所建設指令
	4	27	アウシュヴィッツ，強制収容所として建設開始．6月14日開所
	5	10	独軍，ベネルクス3国に侵攻
	5	17	独軍，フランスに侵攻
	5	27	武装親衛隊髑髏師団，ル・パラディ（フランス）で英国兵捕虜99名を殺害
	5		ランゲ指揮下の親衛隊特別行動隊，1500人の独障害者をガス殺
	6	15	ソ連，バルト3国占領
	6	21	独仏休戦協定調印
	7	末	「マダガスカル計画」断念，ゲットー建設本格化
	9	27	日独伊三国同盟締結
	10	12	ワルシャワ・ゲットー設置．11月15日封鎖
	12	18	ヒトラー，ソ連侵攻を指令
1941	3	7	独墺内ユダヤ人強制労働義務導入
	3	13	国防軍最高司令部，親衛隊の「特別任務」（ユダヤ人とボリシェヴィキの抹殺）遂行を承認
	3	26	ハイドリヒ，ゲーリングにユダヤ人問題解決の計画案提出
	3	30	ヒトラー，国防軍将官にソ連との「絶滅戦争」について演説
	4	6	独軍，ユーゴスラヴィアとギリシアに侵攻
	6	6	国防軍最高司令部の「コミッサール命令」（ソ連兵捕虜のうち共産党委員は見つけ次第殺害）
	6	22	独軍，ソ連に侵攻．独ソ戦開始
	6	23	行動部隊を中心にソ連領内のユダヤ人射殺開始（行動部隊だけで半年間に約50万人殺害）

	11	9	～10日未明　11月ポグロム（水晶の夜）
	11	12	ゲーリング，ユダヤ人問題全権に就任
1939	1	24	ベルリンにユダヤ人出国全国センター設置
	1	30	ヒトラー，国会演説で次の世界戦争におけるヨーロッパ・ユダヤ人絶滅を明言
	3	14	独軍，チェコスロヴァキアに侵攻　スロヴァキア独立宣言（独の保護国化）
	3	16	チェコスロヴァキア解体，「ボヘミア・モラヴィア（ベーメン・メーレン）保護領」創設
	5	15	ラーヴェンスブリュックに女性用強制収容所開設
	8	23	独ソ不可侵条約締結
	8		障害者に対する「安楽死」作戦（T4作戦）開始
	9	1	独軍，ポーランドに侵攻．ユダヤ人夜間外出禁止令
	9	3	英仏，独に宣戦布告，第2次世界大戦開始
	9	17	ソ連軍，ポーランドに侵攻
	9	21	ハイドリヒ，ユダヤ系ポーランド人の独編入領から東方への追放と鉄道沿線の共同体への集住を指示．ユダヤ人評議会設置を布告
	9	27	保安警察と親衛隊保安部を統合し国家保安本部設置（長官ハイドリヒ）
	10	6	ポーランド降伏
	10	7	ヒムラー，ドイツ民族強化全権に就任
	10	8	ポーランド内ピオトルクフ・トリブナルスキに最初のゲットー設置
	10	26	ポーランド内に「総督領」設置
	10	28	親衛隊生殖命令
	10		ツィクロンBを使った最初のガス殺実験
	11		武装親衛隊発足
	11	23	ポーランド内10歳以上のユダヤ人，ダヴィデの星の腕章着用義務づけ
	12	5	ポーランドのユダヤ人資産没収
1940	2	8	ウーチにゲットー設置，4月30日封鎖

	夏		パレスティナのユダヤ機関と「ハーヴァラ（移送）協定」締結
	10	19	国際連盟脱退
1934	1	30	国家新編成に関する法
	2	28	国防軍「アーリア条項」受け入れ
	6	30	～7月2日　レーム事件
	8	2	ヒンデンブルク大統領死去，ヒトラーが首相・大統領を兼務（総統はナチ党での名称）
	9	24	国防軍，親衛隊武装3個連隊の存続を承認
1935	3	10	空軍独立
	3	16	一般兵役義務制導入
	7		「親衛隊主導冊子」発刊
	9	15	ニュルンベルク人種法（ドイツ国公民法，ドイツ人の血と名誉を守るための法）公布
	11		親衛隊，仲裁・名誉裁判所令公布
			アーネンエルベ協会，レーベンスボルン設立
1936	2	6	～16日　ガルミッシュ＝パルテンキルヒェン冬季五輪
	3	7	ラインラント進駐
	6	17	ヒムラー，ドイツ警察長官に就任
	8	1	～16日　ベルリン夏季五輪
1937	3	28	ユダヤ教宗教団体の法律関係に関する法公布
	12	14	強制収容所拡大と結びついた犯罪撲滅・予防法成立
1938	1	25	改定保護検束法
	3	13	オーストリア併合（アンシュルス）
	4	26	ユダヤ人資産申告令公布
	7	5	～15日　仏，エヴィアンでユダヤ難民問題の国際会議
	8	26	ウィーンにユダヤ人出国中央本部設置
	9	29	～30日　ミュンヘン会談（チェコのズデーテン地方の独への割譲決定）
	10	1	～10日　独軍，ズデーテン地方を占領
	10	28	～29日　ドイツ在住ユダヤ系ポーランド人追放
	11	7	ユダヤ系ポーランド人がパリのドイツ大使館員を狙撃

ナチ親衛隊 関連年表

年	月	日	出来事
1919	1	9	ヒトラー，ドイツ労働者党に入党
1920	2	24	ドイツ労働者党，国民社会主義ドイツ労働者党（ナチ党）に改称，「25ヵ条綱領」を発表
1921	7	29	ヒトラー，ナチ党党首に選出
1923	5		3月設立のヒトラー警護班を「ヒトラー衝撃隊」と命名
	11	8	～9日　ミュンヘン一揆
1925			～26年　『わが闘争』出版
1926	4		親衛隊編制開始
	12		ヒトラー・ユーゲント発足
1929	1		ヒムラー，親衛隊全国指導者に就任
1930	8		シュテンネス叛乱
1931	12	31	親衛隊結婚命令
1932	7	31	総選挙，ナチ党得票率37.4％で第1党
1933	1	30	ヒトラー，首相に就任
	2	17	ゲーリングによる「国家の敵」に対するプロイセン警察への発砲命令
	2	27	国会議事堂炎上事件
		28	議事堂炎上令（「国民と国家を防衛するための大統領緊急令」）発令
	2		補助警察設立
	2		親衛隊，懲戒処分・抗告令公布
	3	20	ダハウに最初の強制収容所設置
	3	23	全権委任法成立
	4	1	ユダヤ系商店などへの全国ボイコット
	4	7	職業官吏階級再建に関する法発布
	7	14	新党設立禁止法（ナチ一党独裁体制確立）
	7	20	ヒトラー，ローマ教皇と政教条約締結

バスティアン・ハイン（Bastian Hein）

1974年生まれ．2001～04年ミュンヘン＝ベルリン現代史研究所研究員．04年レーゲンスブルク大学で博士号取得．バイエルン州教育文化省政治教育活動・記憶文化局専任係官，バイエルン州政治教育センター研究員．ドイツ現代史家．
著書
Die Westdeutschen und die Dritte Welt: Entwicklungspolitik und Entwicklungsdienste zwischen Reform und Revolte 1959-1974.（Oldenbourg Wissenschaftsverlag, 2006）
Elite für Volk und Führer? : Die Allgemeine SS und ihre Mitglieder 1925-1945.（De Gruyter Oldenbourg, 2012）

若林美佐知（わかばやし・みさち）

1962年東京都生まれ．お茶の水女子大学大学院博士課程修了，博士（人文科学）．翻訳者．
共訳書『戦場の性――独ソ戦下のドイツ兵と女性たち』（レギーナ・ミュールホイザー，姫岡とし子監訳，岩波書店，2015）
訳書『ナチズムに囚われた子どもたち――人種主義が踏みにじった欧州と家族』上・下（リン・H・ニコラス，白水社，2018）ほか

ナチ親衛隊《しんえいたい》（SS）
中公新書 *2795*

2024年3月25日発行

著　者　B・ハイン
発行者　安 部 順 一

本文印刷　三晃印刷
カバー印刷　大熊整美堂
製　　本　小泉製本

発行所　中央公論新社
〒100-8152
東京都千代田区大手町 1-7-1
電話　販売 03-5299-1730
　　　編集 03-5299-1830
URL https://www.chuko.co.jp/

Published by CHUOKORON-SHINSHA，INC.
Printed in Japan　ISBN978-4-12-102795-5 C1222

中公新書

現代史

f3